Q. 716.
174.

8289

CATALOGUE

DES LIVRES,

ET DE LA MUSIQUE,

DE LA BIBLIOTÉQUE

DE FEU M. DE PANGE,

Grand Bailli d'Epée de la Ville de Metz ;

DONT LA VENTE commencera le Lundi 12 Février 1781 , & continuera les jours suivans , depuis trois heures de relevée , jufqu'au foir, en fon Hôtel , rue des SS. Peres, vis-à-vis la rue Taranne.

A PARIS,

Chez BARROIS , l'aîné , Libraire , Quai des Auguftins , du côté du Pont Saint-Michel.

M. DCC. LXXXI.

Lundi 12 Février.

Théologie,	1 — 15.
Jurifprudence,	29 — 38.
Sciences & Arts,	62 — 75.
Belles-Lettres,	284 — 309.
Hiftoire,	638 — 673.

Mardi 13.

Théologie,	16 — 28.
Jurifprudence,	39 — 50.
Sciences & Arts,	76 — 99.
Belles-Lettres,	310 — 329.
Hiftoire,	674 — 713.

Mercredi 14.

Jurifprudence,	51 — 61.
Sciences & Arts,	100 — 125.
Belles-Lettres,	330 — 358.
Hiftoire,	714 — 753.

Jeudi 15.

Sciences & Arts,	126 — 160.
Belles-Lettres,	359 — 396.
Hiftoire,	754 — 789.

Vendredi 16.

Belles-Lettres,	397 — 438.
Sciences & Arts,	161 — 176.
Hiftoire,	790 — 837.

Samedi 17.

Sciences & Arts,	177 — 200.
Belles-Lettres,	439 — 466.
Hiftoire,	588 — 637.

Lundi 19.

Sciences & Arts,	201 — 231.
Belles-Lettres,	467 — 497.
Hiftoire,	838 — 881.

Mardi 20.

Sciences & Arts,	232 — 259.
Belles-Lettres,	498 — 548.
Hiftoire,	882 — 909.

Mercredi 21.

Sciences & Arts,	260 — 283.
Belles-Lettres,	549 — 587.
Hiftoire,	910 — 928.

Vendredi 23.

Le Supplément.

Samedi 24.

La Mufique.

CATALOGUE
DES LIVRES
DE
LA BIBLIOTHÉQUE
DE FEU M. DE PANGE.

THÉOLOGIE.

1. Biblia Sacra, *Coloniæ*, 1666, 8 *vol. in-*12. *m. n.*
2. Eadem. *Parif.*, *Deʒallier*, 1702, 2 *vol. in-*4.
3. La Sainte Bible, trad. par de Sacy, avec des Explications. *Bruxelles*, 1729, 39 *vol. in-*12.
4. La Sainte Bible, trad. par le Gros. *Bruxelles*, 1739, *in* 12.
5. La Sainte Bible avec des Notes, par Dom Calmet & l'Abbé de Vence. *Paris*, 1748, 14 *vol. in-*4
6. Concordantiæ Bibliorum. *Coloniæ*, 1684, *in-*8.
7. Codex Pfeudepigraphus, vet. Teftamenti, ed. Jo. Alb. Fabricio *Hamburgi*, 1722, 2 *vol. in-*8.
8. Codex Apocryphus novi Teftamenti, ed. eodem. *Hamburgi*, 1719, 2 *vol. in-*8.
9. Pontificale Romanum. *Bruxellis*, 1735, 3 *vol. in-*8. *m. r.*
10. Breviarium Parifienfe. *Parf.*, 1739, 4 *vol. in-*12.
11. Diurnale Parifienfe. *Parif.* 1736, 2 *vol. in-*12. *m. r.*
12. Livre d'Eglife, Lat. Franc. *Paris*, 1739, 3 *vol. in-*12. *m. r.*

13. Office de la Semaine-Sainte. *Paris*, 1737, *in-12.*
14. Les Confessions de S. Augustin, trad. par Dubois. *Paris*, 1743 *in-12.*
15. Œuvres de Bossuet. *Paris*, 1743, 20 *vol. in* 4.
16. Conférences de Paris sur le Mariage. *Paris*, 1741, 5 *vol. in* 12.
17. Cathéchisme Historique, par Fleury. *Paris*, 1730, 2 *vol. in-12. fig.*
18. Sermons de Bourdaloue. *Paris*, 1716, 17 *vol. in-12.*
19. Sermons de Massillon. *Paris*, 1745, 14 *vol. in-12.*
20. De Imitatione Christi, Libri IV. *Parif.*, 1743, *in-8. m. r.*
21. De l'Imitation de Jefus-Chrift, trad. par de Sacy. *Paris*, 1729, *in-12. m. v.*
22. Differtation fur l'Exiftence de Dieu, par Jacquelot. *Paris*, 1744, 3 *vol. in-12.*
23. De l'Exiftence & des Attributs de Dieu, trad. de l'Angl. de Clarck. *Amfterdam*, 1717, 2 *vol. in-8.*
24. Confidérations fur les Œuvres de Dieu, dans le Regne de la Nature & de la Providence, par Sturm. *La Haye*, 1777, 2 *vol. in-8.*
25. Traité de la Vérité de la Religion Chrétienne, par Abbadie. *La Haye*, 1741, 4 *vol. in-12.*
26. La Religion Chrétienne, prouvée par les Faits, par Houtteville. *Paris*, 1740, 3 *vol. in-4.*
27. Penfées de Pafcal. *Paris*, 1748, *in-12.*
28. Lettres de quelques Juifs Portugais, à Voltaire, par Guenet. *Paris*, 1776, 3 *vol. in-12.*

JURISPRUDENCE.

29. Traité fur les Libertés de l'Eglife Gallicane ; par Boutaric. *Toulouje*, 174 , *in-4.*
30. Recueil de Jurifprudence Canonique, par Lacombe. *Paris*, 1748, *in-fol.*
31. Traité des Droits Honorifiques, par Marechal. *Paris*, 1740, 2 *vol. in* 12.
32. Le Parfait Notaire Apoftolique, par Brunet. *Paris*, 1730, 2 *vol. in-4.*
33. De l'Efprit des Loix, par de Montefquieu. *Geneve*, 2 *vol. in-4.*
34. Obfervations fur l'Efprit des Loix, 1751, *in-12.*

35. Principe du Droit Naturel, par Burlamaqui. *Geneve*, 1748, 2 *vol. in* 8.

36. Principes des Négotiations, par Mably. *La Haye*, 1757, *in-12.*

37. Théorie des Loix Civiles, & Réponfe aux Docteurs Modernes, par Linguet. *Londres*, 1767, 3 *vol. in-12.*

38. Les Loix Civiles, par Domat. *Paris*, 1767, *in-fol.*

39. Traité des Délits & des Peines, par Beccaria. *Laufanne*, 1766, *in-12.*

40. Code Civil. *Paris*, 1760. *in-16.*

41. Ordonnance de 1669, fur les Eaux & Forêts. *Paris*, 1733, *in-16.*

42. Code Marchand. *Paris*, 1673, *in-16.*

43. Code des Chaffes. *Paris*, 1765, 2 *vol. in-12.*

44. Code Louis XV. *Paris*, 1758, 12 *vol. in-12,*

45. Ordonnance du Roi, pour le Traitement, Police, Difcipline & Compofition des Troupes, depuis 1715 jufqu'en 1756, 9 *vol. in-4.*

46. Mémorial Alphabétique des Tailles, 1742. *in-4.*

47. Nouveau Coutumier Général, par Bourdot de Richebourg. *Paris*, 1724, 4 *vol. in-fol.*

48. Coutumes d'Auvergne, avec les notes de Prohet. *Paris*, 1695, *in-4.*

49. Coutumes de Vitry-le-François, avec les Commentaires de Saligny. *Chaalons*, 1676, *in-4.*

50. Œuvres de Daguelfeau. *Paris*, 1759, 10 *vol. in-4.*

51. Queftions concernant les Subftitutions, par le même, avec les Réponfes. *Touloufe*, 1773, *in* 4.

52. Dictionnaire de Juftice, Police & Finances, par Chaffes. *Paris*, 1725, 3 *vol. in fol.*

53. Dictionnaire portatif de Jurifprudence & de Pratique, *Paris*, 1763, 3 *vol. in-8.*

54. Recueil de Jurifprudence Civile, par Rouffeau de la Combe *Paris*, 1769, *in-4.*

55. Collections de Décifions relatives à la Jurifprudence, par Denizart, avec un Supplément. *Par.* 1768, 4 *vol. in-4.*

56. Traité des Matieres Criminelles, par Rouffeau de la Combe. *Paris*, 1769, *in-4.*

57. Style du Châtelet. *Paris*, 1762, *in-4.*

58. Caufes Célébres, avec les Jugements qui les ont décidées, par Gayot de Pitaval. *Paris*, 1738, 20 *vol. in-12.*

59. Procès de Damiens. *Paris*, 1757, *in-4.*

60. Mémoires de Dupleix, Godeheu , Buffy, Lally, Pean.
6 *vol. in*-4.
61. Loix & Conftitutions du Roi de Sardaigne. *Paris* , 1771,
2 *vol. in*-12.

SCIENCES ET ARTS,
PHILISOPHIE, MORALE , &c.

62. Histoire Critique de la Philofophie, par Deflandes.
Londres , 1742, 4 *vol. in*-12.
63. Hiftoire des Philofophes Modernes, avec leurs Portraits,
par Saverien. *Paris* , 1761 , *in*-4.
64. Philofophie du bon Sens, par d'Argens. *La Haye*, 1747 ,
3 *vol. in*-12.
65. Seneque, traduit en François , *in-fol. manufc. fur Vélin.*
66. Penfées de Seneque , recueillies par de la Beaumelle.
Paris , 1752, 2 *vol. in*-12.
67. Le Philofophe Payen , ou Penfées de Pline , par Formey.
Leyde , 1759 , 3 *vol. in*-12.
68. Morale d'Epicure, tirée de fes Ecrits, par Batteux. *Paris*,
1758 , *in*-12.
69. Timée de Locres , trad. par d'Argens. *Berlin* , 1763 ,
in-12.
70. Ocellus Lucanus , traduit avec des Notes , par d'Argens.
Berlin , 1762, *in*-12.
71. Le Tréfor de Maître Brunet , traitant de la Philofophie ,
& de toutes fes Parties , *in-fol. manuf. fur vélin.*
72. Analyfe de la Philofophie de Bacon , par Deleyre. *Paris* ,
1755 , 3 *vol. in*-12.
73. Heraclite , ou de la Vanité & Mifere de la vie Humaine.
Geneve , 1635 , *in*-12.
74. La Logique ou l'Art de penfer. *Paris* , 1730 , *in*-12.
75. Les Caracteres de Theophrafte, avec les Caracteres de
la Bruyere. *Paris* , 1756 , 2 *vol. in*-12.
76. Les Caracteres , par Mme. de Puifieux, 1750, *in*-12.
77. Penfées d'Oxenftiern , 2 *vol. in*-12.
78. Penfées de la Rochefoucault , avec des Remarques , par
de la Roche. *Paris* , 1757 . *in*-12.
79. Reflexions , Sentences & Maximes Morales , par Amelot
de la Houffaye. *Paris* , 1754, *in* 12.
80. L'Homme Univerfel , l'Homme de Cour , le Héros,

l'Homme détrompé & les Maximes , trad. de Gracian par Amelot de la Houſſaye & de Courbeville. *Paris* , 1725 , 7 *vol. in-12.*

81. Traité du vrai Mérite , par le Maître de Clavile. *Paris* , 1737 , 2 *vol. in-12.*

82. Avis d'un Pere à ſon Fils , par Marchand. *Amſterdam* , 1751 , *in-12.*

83. Avis d'un Pere à ſa Fille , par d'Hallifax. *Londres* , 1756 , *in-12.*

84. Le Spectateur ou le Socrate Moderne , traduit de l'Anglois. *Amſterdam* , 1754 , 9 *vol. in-12.*

85. Le Mentor Moderne , trad. de l'Anglois. *La Haye* , 1723 , 3 *vol. in-12.*

86. Le Spectateur François par Marivaux. *Paris* , 1728 , 2 *vol. in-12.*

87. Le Miſantrope & la Bagatelle , par Van-Effen. *Lauſanne* , 1741 , 4 *vol. in-12.*

88. Conſidérations ſur les Mœurs de ce Siecle , par Duclos , 1751 , *in-12.*

89. Mémoires pour l'Hiſtoire des Mœurs du 18 Siecle , par le même , 1751 , *in-12.*

90. Eclairciſſement ſur les Mœurs , 1751 , 2 *vol. in-12.*

91. Le Réformateur. *Amſterdam* , 1756 , *in-12.*

92. Les Choſes comme on doit les voir , par de Baſtide. *Londres* , 1757 , *in-8.*

93. l'Ami des Femmes , par de Villemert , 1758 —— l'Ami des Filles , *in-12.*

94. De l'Education Publique , par Diderot , 1762 —— De l'Education Civile , par Garnier , 1765 , 2 *vol. in-12.*

95. Inſtitution d'un Prince , par Duguet. *Londres* , 1740 , 4 *vol. in-12.*

96. Direction pour la Conſcience d'un Roi , par de Fenelon. *La Haye* , 1747 , *in 8.*

97. Magaſin des Adoleſcentes , par Mme. de Beaumont. *Londres* , 1760 , 4 *vol. in-12.*

98. Diſcours ſur le Gouvernement , par Sidney , trad. de l'Anglois. *La Haye* , 1755 , 4 *vol. in-12.*

99. Science du Gouvernement , par de Real. *Paris* , 4 *vol. in-4.*

100. L'Eſprit des Nations , par l'Abbé Deſpiard. *La Haye* , 1753 , *in-12.*

101. Inſtitutions Politiques , par de Bielfeld. *Paris* , 1762 , 4 *vol. in-12.*

102. L'Ordre Naturel & Essentiel des Sociétes Politiques. *Paris*, 1767, 2 *vol. in*-12.

103. L'Ami de la Paix. *Amsterdam*, 1761, *in*-12.

104. Traités sur divers sujets intéressans de Politique & de Morale, 1760, *in*-12.

104*. Idée d'une République Heureuse, ou l'Utopie de Thomas Morus, trad. par Gueudeville. *Amsterdam*, 1730, *in*-12.

105. Principes & Observations Œconomiques, par Forbonnais. *Amsterdam*, 1767, 2 *vol. in*-12.

106. L'Ami des Hommes, par de Mirabeau. *Paris*, 1756, 3 *vol. in*-4.

107. Œconomie de la Vie Humaine, par Daine. *Edimbourg*, 1752, *in*-12.

108. Histoire Critique de la Vie Civile, par Martinelli. *Par.* 1769, 2 *vol. in*-12.

109. Discours sur l'Origine de l'Inégalité parmi les Hommes, par Castillon. *Amsterdam*, 1756, *in*-8.

110. Mémoires pour servir à l'Histoire générale des Finances, par Deon de Beaumont. *Londres*, 1758, *in*-12.

111. Histoire du Commerce & de la Navigation des Peuples Anciens, par le Chev. d'Arcq. *Paris*, 1758, 2 *vol. in*-12.

112. Considérations sur le Commerce, par de Secondat 1758, *in*-12.

113. Remarques sur plusieurs branches de Commerce, & de Navigation, 1757, *in*-12.

114. Les Progrès du Commerce, par Lacombe de Prezel. *Paris*, 1760, *in*-12.

115. La Noblesse Commerçante, par Coyer. *Paris*, 1756, 3 *vol. in*-12.

116. Discours pour & contre la Réduction de l'intérêt de l'Argent, trad. de l'Anglois. *Paris*, 1757, *in*-12.

117. Sur la Législation, & le Commerce des Grains, par M. Necker. *Paris*, 1775, *in*-8.

118. Les Intérêts de la France mal-entendus. *Amsterdam*, 1756, 3 *vol. in*-12.

119. Le Politique Indien, ou Considérations sur les Colonies Orientales. *Paris*, 1768, *in*-12.

120. Histoire & Commerce des Colonies Angloises dans l'Amérique Septentrionale. *Paris*, 1755, *in*-12.

121. Traité général du Commerce, par Ricard. *Amsterd.* 1714, *in*-4.

122. Le Parfait Négociant , par Savary. *Paris* , 1749 , 2 *vol. in-*4.
123. Traités de Changes Etrangers , par Dernis. *Par.* 1726 , *in-*4.
124. Le Guide des Banquiers , par Giraudeau. *Paris* , 1727 , *in-*4.
125. Le Banquier ou Négociant Universel , par de Bleville. *Paris* , 1767 , 2 *vol. in-*4.

METAPHYSIQUE, PHYSIQUE.

126. Examen du Fatalisme , par M. l'Abbé Pluquet. *Paris* , 1757 , 3 *vol. in-*12.
127. Psycologie , ou Traité sur l'Ame , par Woltf. *Amst.* 1747, *in-*12.
128. Explications des Fonctions de l'Ame sensitive , par Lami. 1678 , *in-*12.
129. Essais Philosophiques sur l'Entendement Humain , par Hume. *Amst.* 1738 , 2 *vol. in* 12.
130. Explication Physique des Sens , des Idées , traduite de Hartley , par Jurain. *Reims* , 1755 , 2 *vol. in-*12.
131. Traité des Sensations , par le Cat. *Paris* , 1767 , 2 *vol. in-*8.
132. Essais sur les Passions & sur leur Caractere. *La Haye* , 1748 , 2 *vol. in-*12.
133. Antropologie , par Gorini Corio. *Lausanne* , 1761 , *in* 4.
134. Loisirs Philosophiques , ou l'Etude de l'Homme. *Paris* 1756 , *in-*12.
135. Du Bonheur , par de Serres de la Tour. *Paris* , 1767 , *in-*12.
136. De l'Amitié. *Paris* , 1761 , *in-*12.
137. Lettres Philosophiques sur les Physionomies , par Pernetti. *La Haye* , 1746 , *in-*12.
138. Histoire Critique de l'Ame des Bêtes , par Guer. *Amst.* 1749 , 2 *vol. in-*8.
139. Apologie des Bêtes , ou leur connoissance & raisonnement , par de Beaumont. *Paris* , 1732 , *in-*8.
140. Traité de la Baguette divinatoire , par de Vallemont. *Paris* , 1748 , 2 *vol. in* 12.
141. Discours des Sorciers , par Boguet. *Paris* , 1604 , *in-*8.
142. Systême de Philosophie , extrait de Descartes & Newton , par Paulian. *Avignon* , 1769 , 2 *vol. in-*12.

143. Elémens de la Philofophie de Newton, par Voltaire. *Londres*, 1738, *in-8*.
144. Chroagenefie ou génération des Couleurs, par Gautier. *Paris*, 1749, *in-12*.
145. Inftitutions de Phyfique, par Mme. Du Châtelet. *Paris*, 1740, *in-8. fig.*
146. Spectacle du Feu Elémentaire, par Rabiqueau. *Paris*, 1753, *in-8. fig.*
147. Expériences de Phyfique, par Poliniere. *Paris*, 1734, 2 *vol. in-12*.
148. Leçons de Phyfique Expérimentale, par Nollet. *Paris*, 1767, 6 *vol. in-12. fig.*
149. Art des Expériences, par le même. *Paris*, 1770, 3 *vol. in-12. fig.*
150. Leçons de Phyfique Expérimentale, par Sigaud de la Fond. *Paris*, 1767, 2 *vol. in-12. fig.*
151. Hiftoire de l'Electricité. *Paris*, 1752, 3 *vol. in-12.*
152. Recherches fur les Caufes des Phénomenes Electriques, & Lettres fur l'Electricité, par Nollet. *Paris*, 1753, 2 *vol. in-12.*
152*. Nouveau Dictionnaire raifonné, de Phyfique. *Paris*, 1776, 2 *vol. in-8.*

HISTOIRE NATURELLE.

153. Principes de la Nature fuivant les opinions des anciens Philofophes. *Paris*, 1725, 2 *vol in-12.*
154. Les Principes de la Nature, ou de la Génération des chofes, par Colonne. *Paris*, 1731, *in-12.*
155. Obfervations fur l'Hiftoire Naturelle, la Phyfique & la Peinture. *Paris*, 1752, 2 *vol. in-12.*
156. Bibliothéque de Phyfique & d'Hiftoire Naturelle, par Lambert. *Paris*, 1758, 5 *vol. in-12.*
157. Telliamed. *Amft.*, 1748, *in-8.*
158. Les Singularités de la Nature. *Bafle*, 1768, *in-8.*
159. Dictionnaire d'Hiftoire Naturelle, par Valmont de Bomare. *Paris*, 1775, 6 *vol. in-4.*
160. Le même, 9 *vol. in-8.*
161. Hiftoire Naturelle de Pline, trad. par Poinfinet de Sivry. *Paris*, 1771, 3 *vol. in-4.*
162. Hiftoire Naturelle, générale & particuliere, avec la defcription du Cabinet du Roi, par MM. de Buffon & d'Aubenton.

D'Aubaton. *Paris, Imprimerie Royale*, 1750, 15 *vol. in*-4.

—— Supplément, 5 *vol. in*-4.

—— Histoire des Oiseaux, 5 *vol. in*-4.

—— Figures enluminées pour l'Histoire des Animaux, 13 cahiers.

—— Figures enluminées pour l'Histoire des Oiseaux, 39 cahiers.

163. Lettres à un Américain sur l'Histoire Naturelle de Buffon. *Hambourg*, 1751, 9 *vol. in*-12.

164. Spectacle de la Nature par Pluche. *Paris*, 1744, 9 *vol. in*-12, *fig*

165. Histoire du Ciel, par Pluche. *Paris*, 1742, 2 *vol. in*-12.

166. Cours d'Histoire Naturelle. *Paris*, 1770, 7 *vol. in*-12.

167. Histoire des Singes, & autres Animaux curieux. *Paris*, 1751, *in* 12.

168. Ornithologie, par Brisson. *Paris*, 1760, 6 *vol. in*-4.

169. Nouvelle Construction des Ruches de Bois, par Palteau. *Metz*, 1759, *in*-12.

170. La Physique des Arbres, par Duhamel. *Paris*, 1758, 2 *vol. in*-4.

171. Des Semis & Plantations des Arbres, & de leur Culture, par le même. *Paris*, 1760, *in*-4.

172. Traité des Arbres & Arbustes, qui se cultivent en France en pleine terre par le même. *Paris*, 1755, 2 *vol. in*-4.

173. Traité des Arbres Fruitiers, par le même. *Paris*, 1768, 2 *vol. in-fol.*

174. De l'Exploitation des Bois, par Duhamel *Paris*, 1764, 2 *vol. in*-4.

175. Du transport, de la conservation & de la force de Bois, par le même. *Paris*, 1767, *in*-4.

176. Mémoires sur les Travaux qui ont rapport à l'Exploitation de la Mâture dans les Pyrénées, par le Roi. *Paris*, 1776, *in* 4. *fig*

177. Le Propriétaire des choses, trad. de Latin en François, par Jehan Corbichon. *Paris*, 1539, *in-fol.*

178. Nouvelle Maison rustique. *Paris*, 1721, 2 *vol. in*-4.

179. Dictionnaire d'Agriculture & de Jardinage. *Paris*, 1751, 2 *vol. in*-4. *fig.*

180. Les Agrémens de la Campagne, par Liger. *Paris*, 1754, 3 *vol. in*-12.

B

181. Le Jardinier Solitaire. *Paris*, 1761, *in-12.*
182. Ecole du Jardin Potager, & Traité de la culture des Péchers, par de Combes. *Paris*, 1752, 3 *vol. in-12.*
183. Histoire Naturelle des Fraisiers, par Duchesne. *Paris*, 1766, *in-12.*
184. Prairies artificielles. *Paris*, 1756, *in-8.*
185. Le Botaniste François, par Barbeu du Bourg. *Paris*, 1767, 2 *vol. in-12.*
186. La Botanique mise à la portée de tout le monde, par Regnault, *grand in-fol. fig.* (*années*, 1770, —— 1773, *compl.* 1774, 10 *mois.*)
187. Recueil de Traités sur l'Histoire Naturelle de la Terre, par Bertrand. *Avignon*, 1766, *in-4*
188. Observations de Physique sur les Eaux Minérales de Bagneres & Barege, par de Secondat. *Par.* 1750, *in-12.*
189. Précis d'Observations sur les Eaux de Barege, du Bigorre & du Bearn, par de Bordeu. *Paris*, 1769, *in-12.*
190. Minéralogie, par Valmont de Bomare. *Paris*, 1762, 2 *vol. in-8.*
190*. Elémens de Minéralogie Docimastique, par Sage. *Par.* 1778, 2 *vol. in-8.*
191. Description Méthodique d'une collection de Minéraux, par Romé de l'Isle. *Paris*, 1773, *in-8.*
192. Essai de Crystallographie, par de Romé de l'Isle. *Paris*, 1772, *in-8.*
193. Observations sur la Physique, l'Histoire Naturelle & les Arts, par Rozier, depuis 1771, jusques & compris 1780, 18 *vol. in-4. fig.*

MEDECINE, CHYMIE.

194. Dictionnaire de Médecine, trad. de l'Anglois. *Paris*, 1746, 6 *vol. in-fol.*
195. Idée de l'Homme Physique & Moral, par de la Caze. *Paris*, 1755, *in-12.*
196. Recherches sur le Tissu Muqueux, par de Bordeu. *Par.* 1767, *in-12.*
197. Observations de Médecine, par Raulin. *Paris*, 1754, *in-12.*
198. Traité des Affections vaporeuses, par Pomme. *Lyon*, 1767, *in-8.*
199. Des Maladies occasionnées par les variations de l'Air, par Raulin. *Paris*, 1752, *in-12.*

200. Traité du Scorbut, trad. de l'Angl. de Lind. *Paris*, 175*n*, 2 *vol. in-12.*

201. Hiftoire de la Santé & de l'Art de la conferver, trad. de l'Angl. de Mackenzie. *Paris*, 1759, *in-12.*

202. Ecole de Salerne, trad. en vers François. *Paris*, 1749, *in-12.*

203. L'Art de fe traiter & de fe guérir foi-même, trad. de Longhans. *Paris*, 1768, 2 *vol. in-12.*

204. Avis au Peuple fur fa Santé, par Tiffot. *Lyon*, 1763, 2 *vol. in-12.*

205. Le Confervateur de la Santé, par le Begue de Prefle. *Paris*, 1773, *in-12.*

206. Dictionnaire de Santé. *Paris*, 1760, 2 *vol. in-8.*

206*. De la Vieilleffe, par M. Robert. *Paris*, 1777, *in-12.*

207. Anecdotes de Médecine, 1762, *in-12.*

208. Expériences & Réflexions fur la ftructure des Vifceres, par Vieuffens. *Paris*, 1755, *in-12.*

209. De l'Homme & de la réproduction des individus. *Paris*, 1741, *in-12.*

210. De l'Homme & de la Femme, confidérés phyfiquement dans l'état du Mariage, par de Lignac. *Lille*, 1772, 2 *vol. in-12.*

211. Traité des Eunuques, par Ancillon, 1707, *in-12.*

212. Recueil de Pieces concernant l'Inoculation de la petite-Vérole. *Paris*, 1756, *in-12.*

213. Recherches Critiques fur l'état préfent de la Chirurgie, trad. de Sharp. *Paris*, 1751, *in-12.*

214. Recherches fur l'Art du Dentifte, & foins faciles pour la propreté de la Bouche, par Bourdet. *Paris*, 1757, 3 *vol. in-12.*

215. Traité de la Matiere Médicale, par Geoffroy. *Paris*, 1743, 13 *vol. in-12.*

216. Dictionnaire de Chymie, par Macquer. *Paris*, 1766, 2 *vol. in-8.*

217. Digreffions Académiques, par Guyton de Morveau. *Paris*, 1762, *in-12.*

218. Chymie Médicinale, par Malouin. *Paris*, 1750, 2 *vol. in-12.*

219. Elémens de Chymie Pratique, par Macquer. *Paris* 1756, 2 *vol. in-12.*

220. Inftituts de Chymie, par Spielmann. *Paris*, 1770, 2 *vol. in-12.*

243. Nouvelles Récréations Physiques & Mathématiques, par Guyot. *Paris*, 1769, 4 *vol. in-8.*

ARTS ET MÉTIERS.

244. De l'Origine des Loix, des Arts & des Sciences, par Goguet. *Paris*, 1758, 3 *vol. in-4.*

245. Dictionnaire raisonné des Sciences, Arts & Métiers. *Paris*, 1751, & *suiv.* —— Supplément. *Paris*, 1776. —— Tables. *Paris*, 1780, 35 *vol. in-fol. fig.*

246. Le même, donné par Felice. *Yverdon*, 1770, & *suiv.* 50 *vol. in-4.*

247. Encyclopédie Portative. *Berlin*, 1758, *in-12.*

248. Dictionnaire des Arts & Métiers. *Paris*, 1773, 5 *vol. in-8.*

249. Description des Arts & Métiers, par MM. de l'Académie des Sciences, *in-fol. gr. pap.* (89 cahiers).

250. Tableau Historique & Chronologique du Militaire, par Roussel. *Paris*, 1773, *in-fol.*

251. Chronologie Historique Militaire, par Pinard. *Paris*, 1760, 7 *vol. in-4.*

252. Ecole Militaire, par Raynal. *Paris*, 1762, 3 *vol. in-12.*

253. Réflexions sur la Milice & sur les moyens de rendre l'Administration moins onéreuse, 1760, *in-12.*

254. Elémens d'Algébre, par le Blond. *Paris*, 1768, *in-8.*

255. L'Arithmétique, & la Géométrie de l'Officier, par le Blond. *Paris*, 1767, 2 *vol. in-8. fig.*

256. Loisirs d'un soldat. *Par.* 1767. —— Essai sur le vrai Mérite de l'Officier, 1769, 2 *vol. in-12.*

257. Nouvelle Constitution Militaire. *Francfort*, 1760, *in-8.*

258. La Petite Guerre, par de Grandmaison, 1756, *in-12.*

259. Essai de Tactique, par Guibert. *Londres*, 1772, *in-4.*

260. Défense du Systême de Guerre Moderne, par de Guibert, 1779, 2 *vol. in-8. fig.*

261. L'Artillerie Nouvelle, ou Examen des Changemens faits dans l'Artillerie depuis 1765, 1773, *in-8.*

262. Instructions Militaires du Roi de Prusse à ses Généraux, 1761, *in-12.*

263. Astronomie des Marins. *Avignon*, 1766, *in-8.*

264. Le Manœuvrier, ou Essai sur le mouvement du Navire, par Bourde de Villehuet. *Par.* 1769, *in-8.*

265. Manuel des Marins, par le même. *L'Orient*, 1773, 2 *vol. in-8.*

266. Marine Militaire par Ozanne, *in-4. fig.*

267. Le Nouveau Newcastle ; trad. de l'Anglois, par Bourgelat. *Par.* 1747, *in-*12.

268. Cours d'Hippiatrique, par la Fosse. *Par.* 1772, *in-fol. gr. pap. fig.*

269. Recherches sur la Préparation que les Romains donnoient à la Chaux, par la Faye. *Par.* 1777, *in-8.*

270. Traité de la Construction des Chemins, par Gautier. *Par.* 1755, *in-8. fig.*

271. Canaux Navigables, par Linguet, *Par.* 1769, *in-*12.

272. Art du Trait de Charpenterie, par Fourneau. *Rouen*, 1767, 4 parties *in-fol.*

273. Caminologie ou Traité des Cheminées. *Dijon*, 1756, *in-8.*

274. Dictionnaire de Chasse & de Pêche. *Paris*, 1769, 2 *vol. in-8.*

275. Délices de la Campagne ou les rufes de la Chasse & de la Pêche. *Amst.* 1739, 2 *vol. in-*12.

276. Méthode & Projet pour détruire les Loups, par du Moncel. *Par.* 1768, *in-*12.

277. Traité de l'Harmonie, par Rameau. *Par.* 1722, *in-4.*

278. Dictionnaire de Musique, par J. J. Rousseau. *Paris*, 1768, *in-4.*

279. Manuel Typographique, par Fournier. *Paris*, 1764, 2 *vol. in-8.*

280. Traité des Couleurs & Vernis, par Mauclerc. *Paris*, 1773, *in-8.*

281. Livre artificieux & très-proufitable pour Peintres, Tailleurs d'Images & d'Antiques, Orfévreries, &c. 1540, *in-4.*

282. Essai sur l'Horlogerie, par Berthoud. *Paris*, 1763, 2 *vol. in-4. fig.*

283. Académie des Jeux. *Paris*, 1743, 2 *vol. in-*12.

BELLES-LETTRES,

GRAMMAIRES ET DICTIONNAIRES.

284. DE la maniere d'Enseigner & d'Etudier les Belles-Lettres, par Rollin. *Paris*, 1741, 4 *vol. in-*12.

285. Le Monde primitif analyſé , & comparé avec le Monde Moderne, par Court de Gebelin. *Paris* , 1773 , & *ſuiv.* 7 *vol. in*-4.
286. Schrevelii Lexicon , Græco-Latinum. *Pariſiis* , 1767, *in*-8.
287. Le Jardin des Racines Grecques. *Paris* , 1774 , *in*-12.
288. Magnez Novitius. *Pariſiis* , 1750 , 2 *vol. in*-4.
289. Ducange Gloſſarium ad Scritores mediæ & infimæ Latinitatis, cum Carpenterii Supplemento. *Pariſiis* , 1733, 1768 , 10 *vol. in-fol.*
290. Grammaire Françoiſe, par Reſtaut. *Paris*, 1745 , *in*-12.
291. Grammaire Françoiſe , par de Wailly. *Paris* , 1760 , *in*-12.
292. Principes généraux & raiſonnés de l'Orthographe Françoiſe , par Douchet. *Paris* , 1762 , *in*-8.
293. Des Tropes , par du Marſais. *Paris* , 1757 , *in*-8.
294. Synonimes François , par Girard. *Paris* , 1740 , *in*-12.
295. Dictionnaire Etymologique de la Langue Françoiſe , par Menage. *Paris* , 1694 , *in-fol.*
296. Dictionnaire de l'Académie Françoiſe. *Paris* , 1762 , 2 *vol. in-fol.*
297. Dictionnaire François , par Richelet. *Paris* , 1729 , 2 *vol. in-fol.*
298. Dictionnaire de Trévoux. *Paris* , 1743 , 6 *vol. in-fol.*
299. Dictionnaire Grammatical de la Langue Françoiſe. *Paris* , 1768 , 2 *vol. in*-8.
300. Dictionnaire de l'Elocution Françoiſe. *Paris* , 1769 , 2 *vol. in*-8.
301. Dictionnaire des Proverbes François. *Paris* , 1749 , *in*-12.
302. Dictionnaire Néologique , par l'Abbé Desfontaines , 1726 , *in*-12.
303. Dictionnaire de la Langue Bretonne , par le Pelletier. *Paris* , 1752 , *in-fol.*
304. Mémoires ſur la Langue Celtique , par Bullet, *Beſançon* , 1754 , 3 *vol. in-fol.*
305. Dictionnaire Italien & François , par Alberti. *Marſeille* , 1772 , 2 *vol. in*-4.
306. Dictionnaire Eſpagnol, de Sobrino. *Bruxelles* , 1760 , 2 *vol. in*-4.
307. Dictionnaire Anglois , de Boyer. *Lyon* , 1768 , 2 *vol. in*-4.

308. Dictionnaire Allemand & François, par Rondeau. *Basle*, 1739, 2 *vol. in-*4.

309. Dictionnaire Allemand & François, à l'usage des deux Nations. *Strasbourg*, 1762, 2 *vol. in-*4.

ORATEURS.

310. M. Tullii Ciceronis Opera, cum delectu Commentariorum, ed. Oliveto. *Paris*, 1740, 9 *vol. in-*4.

311. Lettres de Cicéron à Atticus, trad. par Montgault. *Paris*, 1738, 6 *vol. in-*12.

312. Lettres Familieres de Cicéron, trad. par Prevost. *Par.* 1745, 5 *vol. in-*12.

313. Lettres de Cicéron à Brutus, trad. par Prevost. *Par.* 1749, *in-*12.

314. Les Tusculanes de Cicéron, trad. par Bouhier & d'Olivet. *Paris*, 1766, 2 *vol in-*12.

315. Entretiens de Cicéron sur la Nature des Dieux trad. par d'Olivet. *Paris*, 1766, 2 *vol. in-*12.

316. Les Offices de Cicéron, trad. par Dubois. *Paris*, 1748, *in-*12.

317. Les mêmes, trad. par de Barrette. *Paris*, 1776, *in-*12.

318. Cicéron de la Vieillesse & de l'Amitié, trad. par Dubois. *Paris*, 1733, in-12.

319. Cicéron de la Vieillesse & de l'Amitié, trad. par de Barrette. *Paris*, 1776, *in-*12.

320. Pensées de Cicéron, trad. par d'Olivet. *Par.* 1754, *in-*12.

321. Histoire de la Vie de Cicéron, trad. de l'Anglois de Midleton, par Prevost. *Paris*, 1749, 4 *vol. in-*12.

322 Recueil d'Oraisons Funébres, *in-*4.

POETES GRECS ET LATINS.

323. Poésies d'Anacréon & de Sapho, trad. en vers François, par de Longepierre. *Paris*, 1692, *in-*12.

324. Lucrece, trad. par Descoutures. *Paris*, 1708, 2 *vol. in-*12.

325. De Polignac Antilucretius. *Paris.* 1747, *in-*8.

326. L'Antilucrece, trad. par de Bougainville. *Paris*, 1750, 2 *vol. in-*12.

327. P. Virgilii Maronis Opera. *Parif. Couflelier* , 1745 , 3 *vol. in*-12.

328. Q. Horatius Flaccus. *Birminghamiæ Baskerville* , 1770 , *in*-4. *m. r.*

329. Horace , trad. par Dacier. *Paris* , 1681 , 10 *vol. in*-12.

330. P. Ovidii Nafonis Opera. *Amflel.* 1735 , 3 *vol. in*-16.

331. Ovide , trad. par Martignac. *Lyon* , 1697, 9 *vol. in*-12.

332. Les Métamorphofes d'Ovide , trad. par Banier. *Paris* , 1768 , 3 *vol. in*-12.

333. Les Élégies d'Ovide , trad. par Kervillars. *Paris* , 1756 , 3 *vol. in*-12.

334. L'Ovide Bouffon , avec les Métamorphofes en vers burlefques. *Paris* , 1662 , *in*-12.

335. Phædri Fabulæ. *Parifiis* , è *Typog. Regia* , 1729 , *in*-32. *m. n.*

336. D. J. Juvenalis , & A. Perfii Flacci Satyræ. *Birminghamiæ Baskerville* , 1761 , *in*-4.

337. Santolii Poemata. *Parif.* 1695 , *in*-12.

POETES FRANCOIS.

338. Le Roman de la Rofe. *Paris* , 1519 , *in*-8.

339. Le Caftoiement ou Inftructions d'un Pere à fon Fils, publié par Barbazan. *Paris* , 1760 , *in*-12.

340. Œuvres de Mellin de Saint-Gélais. *Paris*, 1719, *in*-12.

341. Les Œuvres de Clément Marot. *La Haye* , 1731 , 6 *vol. in*-12.

342. L'Art d'Aimer , Poëme Héroïque , par de Ceffieres , 1545 , *in*-12.

343. Œuvres de Regnier. *Londres* , 1730 , *in*-8.

344. Poéfies de Malherbe. *Paris* , 1757., *in*-8.

345. Les Mufes Gaillardes , recueillies des plus beaux Efprits de ce temps, *in*-12.

346. Les Fleurs Morales & Epigrammatiques , tant des anciens que des nouveaux Auteurs. *Paris* , 1669, *in*-12.

347. Fables de la Fontaine , gravées par Feffard. *Paris* , 1765 , 6 *vol. in*-8.

348. Nouvelles en Vers , par de la Fontaine. *Amfl.* 1762, 2 *vol. in*-8. *m. r.*

349. Œuvres de Boileau. *Amfl.* 1717 , 4 *vol. in*-12.

350. Œuvres de Deshoulieres. *Paris* , 1739 , 2 *vol. in*-8.

351. Les Satyres de du Lorens. *Paris* , 1686 , *in*-4.

C

352. Œuvres de Chaulieu. *Paris*, 1774, 2 *vol. in-8*.
353. Œuvres de G*** 1761, 4 *vol. in-12*.
354. Œuvres de Vergier. *Rouen*, 1743, 3 *vol. in-12*.
355. Les Œuvres de J. B. Rouſſeau. *Amſt.* 1749, 4 *vol. in-12*.
356. Œuvres de Greſſet, 1744, *in-12*.
357. L'Art d'Aimer, par Bernard. *Paris*, *in-8. fig*.
358. L'Art de Peindre, par Watelet. *Paris*, 1760, *in-4*.
359. Mon Odyſſée, Poëme, par Robé. *La Haye*, 1760, *in-8*.
360. Voyage de Paris à la Roche-Guyon. *La Haye*, *in-12*.
361. La Petréade, par de Mainvillers. *Amſt.* 1763 *in-8*.
362. La Pétriſſée ou Voyage de Sire Pierre en Dunois. *La Haye*, 1763, *in-12*.
363. Les Dévirgineurs & Combabus, *Amſt.* 1765, *in-8*.
364. Œuvres de de Rozoi. *Paris*, 2 *vol in-12*.
365. Les Saiſons, Poëme, par Saint-Lambert. (*Paris*), 1769, *in-8*.
366. Contes, mis en vers par un petit couſin de Rabelais. *Paris*, 1775, *in-8*.
367. Le Porte-feuille d'un Homme de goût. *Paris*, 1765, 2 *vol. in-12*.
368. Anthologie Françoiſe, par Monnet. *Paris*, 1765, 4 *vol. in-8*.
369. Recueil de Chanſons en Vaudevilles, 8 *vol. in-4. manuſcrits*.
370. Nouveau Recueil de Chanſons choiſies. *La Haye*, 1735, 6 *vol. in-12*.
371. Le Chanſonnier François. *Paris*, 1760, 8 *vol. in-12*.
372. Amuſement des Compagnies, ou Recueil de Chanſons choiſies. *La Haye*, 1761, 2 *vol. in-12*.
373. Pieces dérobées à un Ami, par l'Abbé de Lattaignant. *Paris*, 1750, 2 *vol. in-12*.
374. Paradis perdu de Milton. *Paris*, 1755, 3 *vol. in-12*.

THÉATRES.

375. J. J. Rouſſeau à M. d'Alembert, ſur ſon article Geneve. *Amſt.* 1758, *in-8*.
376. Dancourt, Arlequin de Berlin à J. J. Rouſſeau. *Amſt.* 1759, *in-8*.
377. Bibliothéque des Théatres. *Paris*, 1733, *in-8*.

378. Théatre de P. Corneille avec les Commentaires de Voltaire, 1764, 12 *vol. in-8.*
379. Œuvres de Moliere. *Par.* 1749 , 8 *vol. in-12.* *Les Tomes* I. & II. *manq.*
380. Œuvres de Racine, avec des Commentaires , par Luneau de Boifgermain. *Par.* 1768, 7 *vol. in-8. fig.*
381. Œuvres de Crebillon. *Par.* 1750 , 2 *vol. in-4.*
382. Œuvres de Dancourt. *Par.* 1760 , 12 *vol. in-12.*
383. Œuvres de Regnard. *Paris* , 1750. , 4 *vol in-12.*
384. Théatre de le Sage. *Paris* , 1739 , 2 *vol. in-12.*
385. Œuvres de la Chauffée. *Paris* , 1762 , 5 *vol. in-12.*
386. Œuvres de Piron. *Paris* , 1758 , 3 *vol. in-12.*
387. Le Pere de Famille & le Fils naturel, par Diderot, 1757 , 2 *vol. in-8.*
388. Le Pere de Famille, trad. de Goldoni. *Avignon* , 1758 , *in-8.*
389. Les Amans malheureux , ou le Comte de Comminges. *Par.* 1764 , *in-8.*
390. Recueil de Pieces de Théatre , 4 *vol. in-8. & in-12.*
391. Théatre de la Foire. *Par.* 1737 , 10 *vol. in-12.*
392. Les Œuvres de Vadé. *La Haye* , 1760 , 4 *vol. in-12.*
393. Parodies du Théatre Italien. *Par.* 1731 ; 3 *vol. in-12.*
394. Proverbes Dramatiques , par Carmontel. *Par.* 1768 , 2 *vol. in-8.*
395. Théatre Ruffe. *Par.* 1771 , 2 *vol. in-8.*
396. Théatre Allemand. *Par.* 1772 , 2 *vol. in-12.*

MYTHOLOGIE, ROMANS, &c.

397. Dictionnaire de la Fable , par Chompré. *Par.* 1749 , *in-12.*
398. Les Métamorphofes ou l'Ane d'Or d'Apulée. *Par.* 1707 , 2 *vol. in-12.*
399. Les Amours de Daphnis & Chloé , **trad.** par Amiot. *Par.* 1757 , *in-4. fig.*
400. Les Amours de Théagene & Chariclée , trad. d'Héliodore. *Par.* 1633 , *in-8. fig.*
401. Mémoires fur l'Ancienne Chevalerie , par de Sainte-Palaye. *Par.* 1759 , 2 *vol. in-12.*
402. La Devife des Armes des Chevaliers de la Table Ronde. *Par.* *in-16. m. r.*

403. Bibilothéque des Romans , depuis 1775 , jufques & compris 1780 , *in-12. br.*

404. Les Amufemens de la Campagne. *Francfort* , 1760 , 12 *vol. in-12.*

405. Romans Moraux , par Contant d'Orville. *Par.* 1768 , *in-12.*

406. Adelfon & Salvini , par d'Arnaud. —— Adelaïde ou l'Amour & le Repentir. —— Zephirine ou l'Epoux Libertin , 2 *vol. in-8. fig.*

407. Agathe & Ifidore , par Me Benoît. *Par.* 1768 , 2 *vol. in-12.*

408. Les Amours de Catulle & de Tibulle , par de la Chapelle. *Par.* 1719 , 5 *vol. in-12.*

409. Les Amours de Lucile & de d'Oligny. *Par.* 1769 , *in-12.*

410. Amufemens des Eaux de Schwalbach. *Liege* , 1739 , *in-12.*

411. Amufement d'un Prifonnier. *Par.* 1750 , *in-12.*

412. Anecdotes ou Hiftoire fecrete de la Maifon Ottomane, par Baudot de Juilly , 1722 , 4 *vol. in-12.*

413. Aventures d'Abdalla. *Par.* 1747 , *in-12.*

414. Les Aventures de Jofeph Andrews , trad. de Fielding. *Par.* 1750, 2 *vol. in-12.*

415. Les Aventutes d'Arifte & de Telafie. *Par.* 1731 , 2 *vol. in-12.*

416. Aventures de Roderic Random. *Par.* 1761 , 3 *vol. in-12.*

417. Aventures de Telemaque , par de Fenelon. *Par.* 1740, 2 *vol. in-12.*

418. Le Bachelier de Salamanque , par le Sage. *La Haye* , 1738 , 2 *vol. in-12.*

419. Belifaire , par Marmontel. *Par.* 1767 , *in-12.*

420. Pieces relatives à Belifaire , par de Legge , 1767 , *in-8.*

421.

422. Le Chevalier des Effarts & la Comteffe de Bercy. *Par.* 1735 , 2 *vol. in-12.*

423. La Conftance Couronnée. *Par.* 1764 , *in-12.*

424. Le Danger des Liaifons. *Par.* 1763 , 3 *vol. in-12.*

425. Le Diable Boiteux , par le Sage. *Paris* , 1737 , 2 *vol. in-12.*

426. Le Doyen de Killerine , par Prevoft. *Paris* , 1762 , 6 *vol. in-12.*

427. L'Ecole de la Volupté. *Cologne* , 1747 , *in-12.*

428. Les Egarémens du Cœur & de l'Efprit, par Crebillon.
Paris, 1739, *in*-12.

429. l'Elu & fon Préfident. *Paris*, 1769, 2 *vol. in*-12.

430. . . . .
1763, *in*-12.

431. Henriette. *Amfterdam*, 1760, 2 *vol. in*-12.

432. Hiftoire & Aventures de William Piecle. *Paris*, 1753,
4 *vol. in*-12.

433. Henriette de Marconne, ou Mémoires du Chevalier de
Preffac. *Amft.* 1763, —— Amours de Rhodante & de Do-
ficles, 1746, *in*-12.

434. Hiftoire d'Eftevanille Gonzales, ou le Garçon de belle-
humeur, par le Sage. *Paris*, 1741, 2 *vol. in*-12.

435. Hiftoire de Clariffe, trad. de l'Angl., par Prevoft. *Par.*
1766, 6 *vol. in*-12.

436. La nouvelle Clariffe, par Me. le Prince de Beaumont.
Lyon, 1767, 2 *vol. in*-12.

437. Hiftoire de Cleveland, par Prevoft. *Utrecht*, 1734,
6 *vol. in*-12.

438. Hiftoire du Chev. Grandiffon, par Prevoft. *Paris*, 1766,
4 *vol. in*-12.

439. Hiftoire de Gilblas, par le Sage. *Paris*, 1759, 5 *vol. in*-12.

440. La Vie d'Alphonfe Blas de Lirias, fils de Gilblas. *Amft.*
1744, *in*-12.

441. Hiftoire de Guzman d'Alfarache, par le Sage. *Paris*,
1732, 2 *vol. in*-12.

442. Hiftoire de Marguerite de Valois. *Amft.* 1745, 2 *vol.*
in-12.

443. Hiftoire du Marquis de Creffy. *Paris*, 1758, *in*-12.

444. Hiftoire de Miff. Jenny, par M. Riccobony. *Paris*,
1764, 4 *vol. in* 12.

445. Hiftoire de Mlle. Laure, ou la Fille devenue raifonna-
ble, 1764, *in*-12.

446. Hiftoire de Dom Quichotte trad. de Cervantes, avec la
fuite. *Paris*, 1754, 12 *vol in*-12.

447. Hiftoire de Sophie de Francourt. *Paris*, 1768, 2 *vol.*
in-12.

448. Hiftoire de Mlle. de Terville. *Paris*, 1768, 3 *vol. in*-12.

449. Hiftoire de Tom-Jones, trad. de Fielding, par de la
Place. *Paris*, 1751, 4 *vol. in*-12. *fig.*

450. Les Hommes Volans ou les Aventures de Pierre Wilkins. *Paris*, 1763, 2 *vol. in-12.*

451. L'Humanité ou Histoire des Infortunes du Chevalier de Dampierre. *Paris*, 1765, 2 *vol. in-12.*

452. La Jardiniere de Vincennes. *Paris*, 1752, 2 *vol. in-12.*

453. La jolie Femme, ou la Femme du Jour. *Amsterdam*, 1769, *in-12.*

454. Les Journées Amusantes, par Me de Gomez. *Paris*, 1728, 6 *vol. in-12.*

455. Julie ou la nouvelle Héloïse, par J. J. Rousseau. *Amst.* 1761, 6 *vol. in-12.*

456. Lettres de Cecile à Julie. *Amst.*, 1764, *in-12.*

457. Lettres de la Comtesse de Sancerre, par M. Riccoboni. *Paris*, 1767, *in-12.*

458. Lettres de Fanni Butlerd. *Paris*, 1757, *in-12.*

459. Le Livre d'Airam, Histoire Indienne, 1759, —— la Berlue, *in-12.*

460. Mahulem, Histoire Orientale, 1766, —— Giphantie, 1760, *in-12.*

461. Le Matois Mari, où la Courtisanne attrappée. *Paris*, 1634, *in-8.*

462. Mémoires & Lettres du Marquis d'Argens, 1748, *in-12.*

463. Mémoires du Comte de Baneston, 1755, *in-12.*

464. Mémoires en forme de Lettres, de deux jeunes Personnes de qualité. *Paris*, 1765, 2 *vol. in-12.*

465. Mémoires de Gaudence de Lucques. *Paris*, 1753, 2 *vol. in-12.*

466. Mémoires d'un Homme de Qualité, par Prevost. *Paris*, 1756, 8 *vol. in-12.*

467. Mémoires de Lucile. *Paris*, 1761, *in-12.*

468. Mémoires pour servir à l'Histoire de Malte, par Prevost. *Paris*, 1741, *in-12.*

469. Mémoires d'une Religieuse, écrits par elle-même. *Paris*, 1766, 2 *vol. in-12.*

470. Mémoires de Routzi. *La Haye*, 1747, *in-12.*

471. Mémoires de Miss Sidney Bidulph, par Prevost. *Paris*, 1762, 3 *vol. in-12.*

472. Mémoires pour la Vie de Jean Monnet. *Paris*, 1772, *in-12.*

473. Mémoires pour servir à l'Histoire de la Vertu, par l'Abbé Prevost. *Paris*, 1762, 4 *vol. in-12.*

474. Les Mœurs du jour , ou Histoire de Sir William Harring-
gton , 1772 , 2 *vol. in-12.*
475. Ophelie. *Amst.* 1763 , 2 *vol. in-12.*
476. L'Orphelin Normand. *Paris* , 1768 , *in-12.*
477. L'Orpheline Angloise, par de la Place. *Paris* , 1752 ,
4 *vol. in 12.*
478. Pamela ou la Vertu récompensée , trad. de l'Anglois.
Paris , 1768 , 2 *vol. in-12.*
479. La Paysanne Philosophe, par le Chevalier de Mouhy ,
Amst. 1762 , 2 *vol. in-12.*
480. Roman Comique de Scarron. *Paris* , 1752 , 3 *vol.
in-12.*
481. Le Roman du jour. *Londres*, 1754, *in 12.*
482. Le Soldat parvenu. *Dresde* , 1761 , 2 *vol. in-12.*
483. Les Succès d'un Fat. *Paris*, 1762, *in-12.*
484. Tanastes. *La Haye* , 1745 , *in-12.*
485. Tant mieux pour Elle —— Tant pis pour Lui , 1761 ,
in-12.
486. Le Temple de Gnide, par Montesquieu , *in-12.*
487. Le Tombeau Philosophique. *Amsterdam* , 1751 , *in-12.*
488. Les Vicissitudes de la Fortune. *Paris* , 1769 , 2 *vol. in-12.*
489. Vie & Aventures de Thompson. *Paris* , 1762 ; 3 *vol.
in-12.*
490. La Voix de la Nature. *Amsterdam* , 1763 , 2 *vol. in-12.*
491. Voyage Sentimental de Sterne. *Paris*, 1769 , *in-12.*
492. Contes & Nouvelles de Boccace. *Cologne* , 1702, 2 *vol.
in-12. fig.*
493. Le Decameron de J. Boccace. *Londres* , (*Paris*), 1757 ,
5 *vol. in-8. fig. m. r.*
494. Les cent Nouvelles Nouvelles. *La Haye* , 1733 , 2
vol. in-12.
495. Les mêmes, 1736, 2 *vol. in-12. fig.*
496. Heptameron, ou l'Histoire des Amans fortunés , par
Gruget , 1698 , 2 *vol. in-12.*
497. Les Facétieuses Nuits de Straparole. *Lyon*, 1596, 2
vol. in-12. m. r.
498. Les Contes & Discours d'Eutrapel, par Noël Dufail.
1732, 2 *vol. in 12.*
499. Nouvelles de Cervantes. *Lauzanne*, 1744, 2 *vol. in-12.*
500. Les mille & une Nuit, par Galland. *Paris*, 1745, 6
vol. in-12.
501. Les mille & un Jour, par Petis de la Croix. *Paris* ,
1766 , 5 *vol. in-12.*

502. Contes Moraux, de Marmontel. *La Haye*, 1761, 3 vol. in-12.

503. Contes Moraux, par Mlle Uncy. *Paris*, 1763, 3 vol. in-12.

POLYGRAPHES, PHILOLOGUES, CRITIQUES.

504. Traité de l'Opinion, par le Gendre de Saint-Aubin. *Paris*, 1735, 6 vol. in-12.

505. Traité Historique des principaux Signes dont nous nous servons pour manifester nos Pensées, par Costadeau. *Lyon*, 1717, 8 vol. in-12.

506. Amusemens Sérieux & Comiques, par Dufresny. *Paris*, 1706, in-12.

507. Nouveautés dédiées à Gens de différens états, par Bordelon, 1724, 2 vol. in-12.

508. Les Nuits Parisiennes. *Paris*, 1769, 2 vol. in-12.

509. Amusemens Philosophiques, par de Montagnac. *La Haye*, 1764, 2 vol. in-12.

510. Bagatelles Morales, par Coyer. *Paris*, 1755, in-12.

511. Le Je ne sais Quoi, par Quartier de S.-Philippe. *Utrecht*, 1741, 2 vol. in-12.

513. Perroniana & Thuana. *Cologne*, 1691, in-12.

514. Sorberiana. *Toulouse*, 1694, in-12.

515. Valesiana. *Paris*, 1695, in-12.

516. St. Evremoniana. *Paris*, 1700, in-12.

517. Matanasiana. *La Haye*, 1740, in-12.

518. Voltariana. *Paris*, 1749, in-8.

519. Vasconiana. *Paris*, 1710, in-12.

520. Nouveaux Amusemens du Cœur & de l'Esprit. *Amst.* 1741, 15 vol. in-12.

521. Les Etrennes de la S.-Jean ; par de Caylus, 1742, in-12.

522. Bibliothéque de Cour, de Ville, & de Campagne. *Paris*, 1746, 7 vol. in-12.

523. Mêlanges Amusants de Saillies d'Esprit, par le Sage, 1743, in-12.

524. Essais de Montaigne, avec des Notes par Coste. *Paris*, 1725, 3 vol. in-4.

525. Œuvres de Machiavel. *La Haye*, 1743, 6 vol. in-12.

526. L'Anti-Machiavel, 1747, 2 vol. in-12.

527. Œuvres de Cyrano de Bergerac. *Amsterdam*, 1710, 2 vol. in-12.

528. Œuvres

528. Œuvres de Voiture. *Paris*, 1734, 2 *vol. in*-12.

529. Œuvres de Saint-Réal. *Paris*, 1745, 6 *vol. in*-12.

530. Œuvres de Saint-Evremont. *Paris*, 1753, 12 *vol. in*-12.

531. Œuvres de Bayle. *La Haye*, 1737, 4 *vol. in-fol.*

532. Pensées sur la Comete, par Bayle. *Rotterdam*, 1721, 4 *vol. in*-12.

533. Œuvres de Mme de Villedieu. *Paris*, 1741, 12 *vol. in*-12.

534. Œuvres d'Hamilton, 1762, 6 *vol. in*-12.

535. Œuvres de Fontenelle. *La Haye*, 1728, 3 *vol. in-fol. fig.*

536. Les Œuvres de Pope. *Amst.* 1767, 8 *vol. in*-12.

537. Œuvres du Philosophe Bienfaisant. *Paris*, 1763, 4 *vol. in*-8.

538. Œuvres de Maupertuis. *Lyon*, 1756, 4 *vol. in*-8.

539. Les Œuvres de Montcrif. *Paris*, 1768, 4 *vol. in*-12. Le Tom. I manque.

540. Œuvres de Dulard. *Paris*, 1758, 2 *vol. in*-12.

541. Œuvres du Philosophe sans souci, 1760, *in*-12.

542. L'Anti-sans souci, ou la Folie des Nouveaux Philosophes, par Formei. *Bouillon*, 1761, 2 *vol. in*-12.

543. Œuvres de Voltaire. *Geneve*, 1756, 36 *vol. in*-8.

544. Œuvres de Voltaire. *Geneve*, 1768, 30 *vol. in*-4.

545. Commentaire sur la Henriade, par de la Beaumelle. *Paris*, 1775, *in*-4.

546. Œuvres de M. de B**. *Paris*, 1771, 2 *vol. in* 8.

547. Œuvres de Saint-Foix. *Paris*, 1778, 6 *vol. in*-8.

548. Essais sur divers sujets de Littérature & de Morale, par Trublet. *Paris*, 1754, 4 *vol. in*-12.

549. Recueil de différentes Pieces de Littérature, par le Prince de Grimberghen. *Amst.* 1758, *in*-8.

550. Variétés Philosophiques & Littéraires. *Paris*, 1762, *in*-12.

551. Variétés Sérieuses & Amusantes, par Sablier. *Paris*, 1765, 4 *vol. in*-12.

552. Mêlanges Historiques, Critiques, par d'Orbessan. *Par.* 1768, 4 *vol. in*-8.

553. Mêlanges de Littérature, d'Histoire & de Philosophie, par d'Alembert. *Amst.* 1759, 4 *vol. in*-12.

554. Le Génie de Montesquieu. (*Paris*), 1758, *in*-12.

555. Recueil Anglois, ou Morceaux choisis en tout genre. *Amst.* 1763, *in*-12.

D

557. Petrone, traduit par Nodot, 1713, 2 *vol. in-12.*

558. Les Œuvres de Rabelais, avec les notes de le Duchat. *Amst.* 1741, 3 *vol. in-4. fig. m. r.*

559. Le Rabelais Moderne. *Paris*, 1752, 8 *vol. in-12.*

560. Le Conte de Tonneau, trad. de l'Angl. de Swift. *Lausanne*, 1742, 3 *vol. in-12.*

561. Essai sur les Erreurs Populaires, trad. de Brown. *Par.* 1733, 2 *vol. in-12.*

562. Reflexions sur les Grands Hommes, qui sont morts en plaisantant, 1732, *in-12.*

563. Histoire des Grecs, ou de ceux qui corrigent la Fortune au Jeu. *Paris*, 1758, *in-12.*

564. L'Art de connoître les Femmes, par le Chev. Plante-Amour. *La Haye*, 1730, *in-12.*

565. Cela est singulier, par Chevrier. *Babylone*, 1752, 3 *vol. in-12.*

566. Les Usages, par du Vergy. *Geneve*, 1762, *in-12.*

567. Le Livre à la Mode, *in-12.*

568. Cymbalum Mundi, par Desperriers. *Amsterdam*, 1732, *in-12.*

569. Eloge de la Folie, trad. d'Erasme par Gueudeville. *Paris*, 1751, *in-12. fig.*

570. Les Colloques d'Erasme, trad. par Gueudeville. *Leyde*, 1720, 4 *vol. in-12.*

571. Emblêmes d'Alciat, trad. en François, vers pour vers. *Lyon*, 1549, *in-8.*

572. Clavicule & Interprétation sur le contenu ès cinq Livres de Polygraphie & Ecriture Cabalistique, par Gabriel de Collange. *Paris*, 1561, *in-4.*

EPISTOLAIRES.

573. Modeles de Lettres sur différens Sujets. *Lyon*, 1761, *in-12.*

574. Lettres de Guy-Patin. *Cologne*, 1692, 3 *vol. in-12.*

575. Lettres de Bussy Rabutin. *Paris*, 1706, 7 *vol. in-12.*

576. Lettres de Madame de Sevigné. *Paris*, 1735, 6 *vol. in-12.*

577. Lettres de Du Noyer. *Londres*, 1739, 6 *vol. in-12.*

578. Lettres sur les Anglois, les François, & les Voyages. *Paris*, 1747, 2 *vol. in-12.*

579. Lettres du Marquis d'Argens. *La Haye*, 1742, 18 *vol. in-12.*

580. Lettres Perfannes, par de Montefquieu. *Cologne*, 1744, *in-12*.
581. Nouvelles Lettres Perfannes, traduites de l'Anglois, 1735, *in-12*.
582. Lettres Familiaires, par de Montefquieu. *Paris*, 1767, *in-12*.
583. Lettres de Bielfeld. *La Haye*, 1763, 2 *vol. in-12*.
584. Lettres de Nedim Coggia, avec les Lettres Turques, par de Saint-Foix, 1732, *in-12*.
585. Lettres d'un Philofophe Chinois. *Amft.* 1763, 3 *vol. in-12*.
586. Lettres de la Montagne, par J. J. Roufleau. *Amft.* 1764, 2 *vol. in-8*.
587. Lettres & Vie de Ganganelli, par Caraccioli. *Paris*, 1778, 5 *vol. in-12*.

HISTOIRE.

HISTOIRE UNIVERSELLE.

588. Lettres fur l'Hiftoire, par Bolingbroke. (*Paris*,) 1752, 2 *vol. in-12*.
589. Méthode pour étudier l'Hiftoire, par Lenglet Dufrefnoy. *Paris*, 1735, 9 *vol. in-12*.
590. Principes de l'Hiftoire, par Lenglet. *Paris*, 1736, 6 *vol. in-12*.
590. * Analyfe Chronologique de l'Hiftoire Unniverfelle. *Paris*, 1756, *in-4*.
591. Tableau de l'Hiftoire Moderne, par Mehegan. *Paris*, 1766, 3 *vol. in-12*.
592. Hiftoire Sacrée & Profane, *in-fol. gothique*.
593. Hiftoire du Monde, par Chevreau. *Paris*, 1717, 8 *vol. in-12*.
594. Hiftoire du Monde depuis fon origine, par Imhoff. *Bafle*, 1736, 6 *vol. in-4*. (*en Allemand.*)
595. Hiftoire générale de tous les Peuples du Monde, par Lambert. *Paris*, 1750, 15 *vol. in-12*.
596. Introduction à l'Hiftoire de l'Univers, par de Pufendorff,

D ij

augmentée par de la Martiniere. *Amſt.* 1743 , 11 *vol. in-12.*

597. La même, augmentée par de Grace. *Paris*, 1753 , 8 *vol. in-4.*

598. Hiſtoire Univerſelle , de J. Aug. de Thou. *Londres*, 1734 , 16 *vol. in-4.*

599. Annales Politiques, par de Saint-Pierre. *Londres*, 1757, 2 *vol. in-8.*

600. L'Eſpion Turc. *Cologne*, 1739, 6 *vol. in-12.*

601. Lettres & Mémoires de Pollnitz. *Londres*, 1747, 5 *vol. in-12.*

601. * Mémoires de M. de *** pour l'Hiſtoire du dix-ſeptieme Siécle. *Amſterdam*, 1760, 3 *vol. in-8.*

602. Mémoires pour ſervir à l'Hiſtoire de l'Europe, depuis 1740 , juſqu'en 1748. *Amſterdam*, 1749 , 3 *vol. in-12.*

603. Hiſtoire générale des Conjurations , par Dutertre. *Paris*, 1762, 10 *vol in-12.*

604. Hiſtoire Moderne , par de Marſy. *Paris*, 1754, 28 *vol. in-12.*

Les Tomes 17 —— 24 *manquent.*

605. Almanach Royal , depuis 1699 , juſqu'en 1780 , 82 *vol. in-8.*

GÉOGRAPHIE.

606. Eſſai ſur l'Hiſtoire de la Géographie, par Robert de Vaugondy. *Paris*, 1755, *in-12.*

607. Méthode pour étudier la Géographie , par Lenglet. *Paris*, 1716, 4 *vol. in-12.*

608. Géographie de Robe. *Paris*, 1721 , 2 *vol. in-12.*

609. Méthode pour apprendre la Géographie, par le François. *Paris*, 1751, *in-12.*

610. Géographie Univerſelle, par Hubner. *Baſle*, 1757, 6 *vol. in-8.*

611. Grammaire Géographique , traduite de l'Angl. de Gordon. *Paris*, 1748 , *in-8.*

612. Dictionnaire Géographique , par Voſgien. *Paris*, 1767, *in-8.*

613. Dictionnaire Géographique, par la Martiniere. *Paris*, 1768, 6 *vol in-fol.*

614. La Topographie de l'Univers , par l'Abbé Expilly. *Paris*, 1758, 2 *vol. in-8.*

615. Géographie Ancienne abrégée, par d'Anville. *Paris*, 1769, *in-fol.*

616. Géographie Moderne, par de la Croix. *Paris*, 1766, 2 *vol. in-12.*

617. Atlas Univerſel, par Robert de Vaugondi. *Paris*, 1757, *in-fol.*

618. Théatre Geographique de la France & de l'Allemagne. *Paris*, 1634, 2 *vol. in-fol.*

619. Cartes (104) de la France, par MM. de l'Académie des Sciences, collées ſur toile & rangées dans des boîtes.

620. Atlas Hiſtorique & Géographique de la France, par Rizzi Zanoni. *Paris*, 1764, *in-4.*

621. Tableau Analytique de la France, par Deſnos. *Paris*, 1764, *in-4.*

622. Géographie ou Deſcription du Royaume de France, par Dumoulin. *Paris*, 1762, 6 *vol. in-8. fig.*

623. Guide des Voyageurs. *Paris*, *Deſnos*, 1764, *in-4.*

624. Conducteur François. *Paris*, 1776, *in-8. 39 cahiers.*

625. Iſles Britanniques, par Belin, (5 *feuilles collées ſur toile.*)

626. Irlande, par Rocque, (2 *féuilles collées ſur toile.*)

627. Carte générale de la Flandre & du Brabant, pour ſervir de ſuite à celle de la France, collée ſur toile & rangée dans des boîtes.

628. Carte nouvelle du Duché de Brabant & partie de la Hollande, par d'Heulland, *in-4.*

629. Atlas de Homan & de Seutter, 2 *vol. in-fol.*

630. Carte de Pologne, diviſée par Provinces & par Palatinats, par Rizzi Zanoni, *in-fol.*

631. Atlas Géographique & Militaire, ou Théatre de la Guerre préſente en Allemagne, par Rizzi Zanoni, *in-16. m. r.*

632. Deſcription Géographique de la Guyane, par Bellin. *Paris*, 1763, *in-4.*

633. L'Hydrographie Françoiſe, par Bellin. *Paris*, 1756, 2 *vol. in-fol.*

634. Atlas Maritime, par Bellin. *Paris*, 1764, 5 *vol. in-4.*

635. Le Neptune François, par Bellin. *Verſailles*, 1773, *in-fol.*

636. Neptune Oriental , par de Mannevillette. *Paris* ;
1775 , *in-fol.*
637. Guide des Lettres , par Guyot , *in - 4.*

VOYAGES.

638. Voyages Historiques de l'Europe , par Jordan. *Paris* ,
1701 , 8 *vol. in-12.*
639. Journal du Voyage de Courtanvaux. *Paris* , 1768 ,
in-4.
640. Tableaux de la Suisse , *in-fol.* (*complet.*)
641. Voyage en Moscovie , Tartarie & Perse , par Olearius
& Mandelslo. *Amst.* 1727 , 2 *vol. in-fol. fig.*
642. Voyage en Siberie , par l'Abbé Chappe d'Auteroche.
Paris , 1768 , 3 *vol. in-4. gr. pap. fig.*
643. Journal du Voyage de Michel de Montagne en Italie.
Paris , 1774 , 2 *vol. in-12.*
644. Nouveau Voyage d'Italie , par Misson. *La Haye* ,
1717 , 3 *vol. in-12.*
645. Voyage d'un François en Italie , par Delalande. *Par.*
1769 , 8 *vol. in-12.*
646. Voyage de Dalmatie , de Grece & du Levant , par
Wheler. *Amst.* 1689 , 2 *vol. in-12.*
647. Voyage Littéraire de la Grece , par Guys. *Par.* 1776 ,
2 *vol. in-8. fig.*
648. Voyage Pittoresque de la Grece , par M. de Choiseuil.
Paris , *in-fol.* (6 cahiers.)
649. Voyages de Chardin. *Amst.* 1711 , 10 *vol. in-12.*
650. Description de l'Arabie , par Niebhur. *Copenhague* ,
1770 , *in-4. fig.*
651. Voyage en Arabie & en d'autres Pays circonvoisins ,
par Niebhur. *Amst.* 1776 , *in-4. tome premier.*
Le tome second de ce Voyage a paru en 1780 : il se
vend à Paris , chez Barrois , l'aîné.
652. Voyage dans les Mers de l'Inde en 1761 & 1769 ,
par le Gentil. *Paris* , 1779 , *in-4.*
653. Voyages & Découvertes , faites par les Russes le
long des côtes de la Mer glaciale , trad. de Mullen.
Amst. 1766 , 2 *vol. in-12.*
654. Lettres Édifiantes. *Paris* , 1717 , 32 *vol. in-12.*
655. Mémoires des Missions. *Paris* , 1753 , 9 *vol. in-12.*

656. Recueil des Voyages au Nord. *Amſt.* 1731, 10 *vol.*
*in-*12.

657. Recueil des Voyages qui ont ſervi à l'établiſſement
de la Compagnie Hollandoiſe des Indes Orientales.
Amſt. 1710, 7 *vol. in-*12.

658. Journal du Voyage fait à la Mer du Sud, avec les
Flibuſtiers, par Raveneau de Luſſan. *Par.* 1693, *in-*12.

659. Voyage d'Anſon, 1764, 4 *vol. in-*12.

660. Journal du Voyage fait à l'Equateur, par de la
Condamine. *Paris,* 1751, *in-*4.

661. Meſure des trois premiers degrés du Méridien, par
de la Condamine. *Par.* 1751, *in-*4.

662. Voyage autour du Monde en 1764, avec une Deſcription des Patagons. *Paris,* 1767, *in-*12.

663. Voyages autour du Monde, par Byron, Carteret,
Wallis & Cook, rédigés par Hawkeſworth. *Paris,* 1774,
4 *vol. in-*4.

664. Hiſtoire des Nouvelles Découvertes, faites dans la
Mer du Sud, par Freville. *Paris,* 1774, 2 *vol. in-*8.

665. Journal du ſecond Voyage du Cap. Cook. *Paris,*
1777, *in-*8.

666. Hiſtoire générale des Voyages, par Prevoſt. *Paris,*
1746, 19 *vol. in-*4.

667. Voyages aux côtes de Guinée & en Amérique. *Amſt.*
1719, *in-*12.

668. Voyages de Coreal aux Indes Occidentales. *Amſt.*
1722, 3 *vol. in-*12.

669. Voyages de Robert Lade. *Paris,* 1744, 2 *vol. in-*12.

670. Voyage de Robertſon aux terres Auſtrales. *Amſt.*
1768, *in-*12.

671. Voyages de Gulliver. *Paris,* 1727, *in-*12.

672. Julien l'Apoſtat ou Voyage dans l'autre Monde, trad.
de Fielding. *Paris,* 1768, *in-*12.

673. La Promenade utile & récréative de deux Pariſiens.
Paris, 1768, 2 *vol. in-*12.

HISTOIRE ECCLÉSIASTIQUE.

674. Critique des Religions Anciennes de l'Univers, par
Lock, *in-*4. *manuſ.*

675. Hiſtoire de l'Ancien & du Nouveau Teſtament, par
Calmet. *Paris,* 1742, 5 *vol. in-*12.

676. Hiftoire Eccléfiaftique , par Fleury. *Paris* , 1750, 37 *vol. in*-4.

677. Abrégé de l'Hiftoire Eccléfiaftique , par Racine. *Utrecht*, 1748, 17 *vol. in*-12.

678. Cérémonies & Coutumes Religieufes de tous les Peuples du Monde , par Banier & Mafcrier , *Par.* 1741 , 7 *vol. in-fol. fig.*

679. La Vie des Saints , tranflatée du Latin , *in·fol. gothique.*

680. Vie de Chantal , par de Marfollier. *Paris* , 1717, 2 *vol. in*-12.

681. Hiftoire des Ordres Monaftiques, par Helyot. *Par.* 1714, 8 *vol. in*-4. *fig.*

682. Hiftoire des Papes , par Bruys. *La Haye* , 1732 , 5 *vol. in*-4.

683. Vie de Sixte Quint , trad. de Gregorio Leti. *Paris*, 1731 , 2 *vol. in*-12.

684. Hiftoire du Card. de Granvelle. *Paris* , 1761 , *in - 12.*

685. Mémoires pour fervir à l'Hiftoire de la Fête des Foux , par du Tilliot. *Laufanne* , 1751 , *in*-12. *fig.*

686. Hiftoire impartiale des Jéfuites , par Linguet. *Paris*, 1768, 2 *vol. in*-12.

687. Extrait des Affertions. *Paris* , 1762 , *in*-4.

688. Hiftoire de Malthe , par Vertot. *Paris* , 1755 , 7 *vol. in*-12.

689. Martyrologe des Chevaliers de Malthe , par de Gouffaincourt. *Paris* , 1643 , *in-fol.*

HISTOIRE ANCIENNE, GRECQUE, ET ROMAINE.

690. Hiftoire des Juifs, de Jofeph , trad. par Arnauld d'Andilly. *Paris* , 1744 , 6 *vol. in*-12.
 Le Tome 2 *manque.*

691. Hiftoire des Juifs depuis Jefus-Chrift , par Bafnage. *La Haye* , 1716, 15 *vol. in*-12.

692. Hiftoire Ancienne , par Rollin. *Paris* ,1737 , 13 *vol. in*-12.

693. Abrégé Chronologique de l'Hiftoire Ancienne , par Lacombe. *Paris* , 1757 , *in*-8.

694. Hiftoire de Thucydide , trad. par d'Ablancourt. *Paris* , 1733 , 3 *vol. in*-12.

695. Traductior

695. Traduction de morceaux de Xenophon, par Charpentier & d'Ablancourt. 1758. 2 vol. in-12.

696. Commentaire sur la retraite des dix mille de Xenophon, par le Cointe. Paris, 1766, 2 vol. in-12.

697. Histoire de Diodore Sicilien, trad. par Amyot. Paris, 1585, in-fol.

698. Quinte-Curce, trad. par Vaugelas. Paris, 1764, 2 vol. in-12.

699. Histoire du Siécle d'Alexandre, par Linguet. Paris, 1769, in-12.

700. Histoire des sept Sages, par Larrey. Rotterd. 1713, in-8.

701. Les Mœurs & les Usages des Grecs, par Menard. Lyon, 1743, in-12.

702. Tite-Live, trad. par Du Ryer, Amst. 1700, 8 vol. in-12.

703. Histoire Romaine, par Rollin & Crevier. Paris, 1758, 16 vol. in-12.

704. Annales Romaines, par Macquer. Paris, 1756, in-8.

705. Considérations sur les Causes de la Grandeur des Romains, par de Montesquieu. Paris, 1755, in-12.

706. Parallele de la conduite des Carthaginois à l'égard des Romains, & des Anglois à l'égard des François, par Seran de la Tour. in-12.

707. Histoire des Révolutions de l'Empire Romain, par Linguet. Paris, 1766, 2 vol. in-12.

708. Discours sur Tacite, par Gordon. Amsterd. 1751, 3 vol. in-12.

709. Histoire des Empereurs Romains, par Crevier. Paris, 1749, 12 vol. in-12.

710. Histoire du Bas-Empire, par le Beau. Paris, 1757, 20 vol. in-12.

711. Abrégé Chronologique de l'Histoire d'Italie, par de Saint-Marc. Paris, 1761, 2 vol. in-8.

712. Relation de Venise, par Freschot. Utrecht, 1709, in-12.

713. Histoire de Sicile, par de Burigny. La Haye, 1745, 2 vol. in-4.

HISTOIRE DE FRANCE.

714. Bibliothéque Historique de la France, par le Long, augmentée par Fontette. Paris, 1768, 5 vol. in-fol.

E

715. Defcription de la France , par Pigaͅiol de la Force. *Paris* , 1753 , 15 *vol. in-12.*

716. Atlas des Elections du Royaume, avec une Defcription , par Regley. *Paris* , 1763 , *in-4.*

717. Les Origines ou l'ancien Gouvernement de la France,&c. par de Buat. *La Haye* , 1757 , 4 *vol. in-12.*

718. Confidérations fur le Gouvernement ancien & préfent de la France , par d'Argenfon. *Amft.* 1765 , *in-8.*

719. Les Antiquités & Hiftoires Gauloifes , par Fauchet. *Ge-neve* , 1611 , *in-4.*

720. Hiftoire des Gaules & Conquêtes des Gaulois , par de Leftang. *Bordeaux* , 1618 , *in-4.*

721. Abrégé Chronologique de l'Hiftoire de France , par Mezerai. *Paris* , 1690 , 3 *vol. in-4.*

721. * Inftructions fur l'Hiftoire de France , par le Ragois. *Paris* , 1753 , *in-12.*

722. Hiftoire de France, depuis l'établiffement de la Monar-chie Françoife, par Daniel. *Paris*, 1755 , 17 *vol. in-4.*

723. Nouvel Abrégé Chronologique de l'Hiftoire de France , par le Préfid. Henault. *Paris* , 1768 , 2 *vol. in-4.*

724. Abrégé Chronologique des grands Fiefs de la Couronne. *Paris* , 1759 , *in-8.*

725. Hiftoire de France , par Velly , Villaret & Garnier. *Paris* , 1755 , 26 *vol. in-12.*

726. Tablettes Anecdotes & Hiftoriques des Rois de France, par Dreux du Radier, *Paris* , 1759 , 3 *vol. in-12.*

727. Elémens de l'Hiftoire de France , par Millot. *Paris* , 1768. , 2 *vol. in-12.*

728. Anecdotes Françoifes. *Paris* , 1767 , *in-8.*

729. Hiftoire des Révolutions de France , par de la Hode. *La Haye* , 1738 , 4 *vol. in-12.*

730. Les Galanteries des Rois de France. *Cologne* , 3 *vol. in-12.*

731. Obfervations fur l'Hiftoire de France , par de Mably, *Paris* , 1765 , 2 *vol. in-12.*

732. Pieces Fugitives pour fervir à l'Hiftoire de France , par d'Aubais. *Paris* , 1759 , 3. *vol. in-4.*

733. Recueil A. B. & fuiv. *Fontenoy* , 1745 , 8 *vol. in-12.*

734. Curiofités Hiftoriques. *Amft.* 1759 , 2 *vol. in-12.*

735. Mêlͅnges Hiftoriques & Critiques , pour l'Hiftoire de France. (*Paris*), 1768 , 2 *vol. in-12.*

736. Hiftoire de Saint Louis, par Joinville , avec les Obfer-vations de Ducange , *Paris* , 1668 , *in-fol.*

737. Hiſtoire de Philippe-Auguſte, par Baudot de Juilly. Paris, 1745, 2. vol. in-12.

738. Hiſtoire de Dugueſclin, publiée par Menard. Paris, 1618, in-4.

739. Mémoires de Comines. Leyde, Elzéviers, 1648, in-12.

740. Hiſtoire de Louis XI, par Duclos. Paris, 1745, 4 vol. in-12.

741. Hiſtoire de Charles VIII, publiée par Godefroy. Paris, 1684, in-fol.

742. Hiſtoire du Chevalier Bayard, par de Berville. Paris, 1760. in-12.

743. Hiſtoire de François I, par Gaillard. Paris, 1766, 7 vol. in-12.

744. Mémoires de Vielleville. Paris, 1757, 5 vol. in-8.

745. Mémoires ſur la Vie de de Bellegarde, par Secouſſe. Paris, 1764, in-12.

746. Mémoires de Condé, avec des Notes, par Secouſſe. (Paris), 1743, 6 vol. in-4.

747. Commentaires de Montluc. Paris, 1746, 4 vol. in-12.

748. Hiſtoire des Guerres Civiles de France de Davila, trad. par Mallet. (Paris), 1757, 3 vol. in-12.

749. Journal d'Henry III, par de l'Etoile, publié par Langlet. (Paris), 1744, 5 vol. in-8.

750. Eſprit de la Ligue, par Anquetil. Paris, 1767, 3 vol. in-12.

751. Aventures du Baron de Fœneſte, par Theod. Agrippa d'Aubigné. Cologne, 1746, 2 vol. in-12.

752. Ambaſſades de Noailles, publiées par de Vertot. Paris, 1763, 5 vol. in-12.

753. Satyre Menippée. Ratisbonne, 1711, 3 vol. in-8. fig. m. r.

754. Vie de Crillon, par de Luſſan. Paris, 1757, in-12.

755. Hiſtoire de Henry le Grand, par de Pereſixe. Paris, 1662. in-4.

756. Mémoires de Sully. Amſterdam, in-fol.

757. Les mêmes, publiés par de Lecluſe. Paris, 1752, 8 vol. in-12.

758. Mémoires pour l'Hiſtoire de France, depuis 1515 juſ-qu'en 1610, par de l'Etoile. Cologne, 1719, 2. vol. in-8.

759. Journal d'Henry IV, par de l'Etoile, publié par Lan-glet. (Paris), 1741, 4 vol. in-8.

760. Vie de Marie de Médicis. Paris, 1774, 3 vol. in-8.

761. Hiftoire du Conneftable de Lefdiguieres, par Videl. *Grenoble*, 1649, *in-8*.
762. Mémoires de Baffompierre. *Amfterdam*, 1721, 4 *vol. in-12*.
763. Mémoires du Duc de Rohan. *Paris*, 1749, 2 *vol. in-12*.
764. Mémoires de Rochefort. 1710, *in-12*.
765. Vie du Card. de Richelieu. (*Paris*), 1753, 5 *vol. in-12*.
766. Maximes d'Etat, ou Teftament politique du Card. de Richelieu. *Paris*, 1764, 2 *vol. in-8*.
767. Hiftoire de Louis XIII, par le Vaffor. *Amft.* 1701, 9 *vol. in-12*.
768. Mémoires de Marolles. (*Paris*), 1745, 3 *vol. in-12*.
769. Mémoires de Retz, Joly & Nemours. *Geneve*, 1751, 7 *vol. in-12*.
770. Mémoires de la Minorité de Louis XIV. *Amft.* 1723, 2 *vol. in-12*.
771. Mémoires de Gourville. *Paris*, 1724, 2 *vol. in-12*.
772. Mémoires de Bordeaux. (*Paris*), 1758, 4 *vol. in-12*.
773. Lettres Hiftoriques de Peliffon. *Paris*, 1729, 3 *vol. in-12*.
774. Lettres de Mademoifelle de Montpenfier. *in-fol*.
775. Campagne de Hollande en 1672, fous les ordres du Duc de Luxembourg. *La Haye*, 1759, *in-fol*.
776. Hiftoire de la Campagne de Condé en Flandres, en 1674, par de Beaurain. *Paris*, 1774, *in-fol. fig*.
777. Hiftoire de Louis de Bourbon, par Deformeaux. *Paris*, 1766, 4 *vol. in-12. fig*.
778. Mémoires pour fervir à l'Hiftoire de Louis XIV, par de Choify. *Utrecht*, 1727, *in-12*.
779. Mémoires de l'Abbé Arnaud. (*Paris*), 1756, *in-12*.
780. Mémoires de Forbin. *Amft.* (*Paris*,) 1748, 2 *vol. in-12*.
781. Mémoires de Tourville *Amft.* 1758, 3 *vol. in-12*.
782. Mémoires de d'Artagnan. *Cologne*, 1700, 3 *vol. in-12*.
783. Mémoires de Chavagnac. *Amft.* 1701, *in-12*.
784. Campagnes du Mar. de Marfin en 1704. *Amft.* 1762, 3 *vol. in-12*.
785. Mémoires de Duguay Trouin. (*Paris*,) 1740, *in-4. fig*.
786. Mémoires de Torcy. *La Haye*, 1756, 3 *vol. in-12*.

787. Campagne de Villars en 1703, *Amst.* 1762, 2 *vol. in-12.*

788. Mémoires du Duc de Villars. *La Haye*, 1758, 3 *vol. in-12.*

789. Mémoires & Lettres de Maintenon, par de la Beaumelle. *Hambourg*, 1755, 15 *vol. in-12.*

789. * Les Souvenirs de Mme de Caylus, 1770, —— Lettres secretes de Voltaire, 1764, *in-8.*

790. Histoire de Louis XIV, par Reboulet. *Avignon*, 1746, 9 *vol in-12.*

791. Recueil de Lettres pour l'Histoire Militaire de Louis XIV. *Par.* 1760, 8 *vol. in-12.*

792. Histoire du Système sous la Minorité de Louis XV. *La Haye*, 1739, 3 *vol. in-12.*

793. Vie du Régent. *Londres*, 1736, 2 *vol. in-12.*

794. Mémoires de l'Abbé de Montgon. *Par.* 1750, 8 *vol. in-12.*

795. Campagnes du Mar. de Maillebois, en 1741 & 1742. *Amst.* 1772, 10 *vol. in-12.*

796. Campagne du Mar. de Noailles en 1743, *Amst.* 1760, 2 *vol. in-12.*

797. Campagnes du Mar. de Coigny en 1743. *Amst.* 1741, 8 *vol. in-12.*

797. * Plans des Guerres de Flandres en 1744 & 1748. *Strasbourg*, 1750, *in-4.*

798. Histoire de la Guerre de 1741. *Amst.* 1755, *in-12.*

799. Histoire de Maurice Comte de Saxe. *Mittau*, 1752, 3 *vol. in-12.*

800. Histoire de Maurice Comte de Saxe, par d'Espagnac. *Par.* 1773, 2 *vol. in-12.*

801. Histoire des Conquêtes de Louis XV, par Dumortous. *Par.* 1759, *in-fol. fig.*

802. Lettres & Négociations de Van-Hoey. *Londres*, 1743, 2 *vol. in-12.*

803. L'Observateur Hollandois, par M. Moreau. *La Haye*, 1755, 7 *vol. in-12.*

804. Mémoires des Commissaires. *Par.* 1755, 4 *vol. in-4.*

805. Lettres du Mar. de Belle-Isle au Mar. de Contades. *La Haye*, 1759, *in-12.*

806. Vie du Duc de Belle-Isle. *La Haye*, 1762, *in-12.*

806. * Monumens érigés en France à la gloire de Louis XV, par Patte. *Par.* 1765, *in-fol.*

807. Defcription de la Place de Louis XV à Reims , par le Gendre. *Par.* 1765 , *in-fol.*

808. Etat de la France. *Par.* 1749, 6 *vol. in-12.*

809. Hiftoire des Sacres & Couronnemens de nos Rois , par Menin. *Reims,* 1720 , *in - 12.*

810. Le Sacre de Louis XV. *Par.* 1722, *gr. in-fol. fig.*

811. Hiftoire de la Chancellerie, par Teffereau. *Par.* 1710, 2 *vol. in-fol.*

812. Eloges des Premiers Préfidents du Parlement de Paris, par Blanchard. *Par.* 1645 , *in-fol.*

813. Recherches & Confidérations fur les Finances de France, par de Forbonnais , 1758, 6 *vol. in-12.*

814. Defcription de la Ville de Paris , par Germain Brice. *Par.* 1752 , 4 *vol. in-12. fig.*

815. Defcription de Paris & des Environs , par Piganiol de la Force. *Par.* 1765 , 10 *vol. in-12. fig.*

816. Etat ou Tableau de la Ville de Paris. *Paris ,* 1760 , *in - 8.*

817. Hiftoire de la Ville de Paris , par Dom Felibien & Dom Lobineau. *Par.* 1725 , 5 *vol. in-fol.*

818. Hiftoire de la Ville de Paris , par Desfontaines. *Par.* 1735 , 5 *vol. in-12.*

819. L'Ombre de Colbert , le Louvre , & la Ville de Paris , Dialogue. *La Haye ,* 1749 , *in-*12.

819. * Voyage Pittorefque des Environs de Paris. *Par.* 1762 , *in-*12. *fig.*

820. Abrégé Chronologique de l'Hiftoire de Lorraine. *Par.* 1775 , 2 *vol. in-8.*

821. Hiftoire de Lorraine par Dom Calmet. *Nancy,* 1745 , 7 *vol. in-fol.*

822. Mémoires du Marquis de Beauvau. *Cologne ,* 1689, *in-*12.

823. Mémoires pour l'Hiftoire des Hommes Illuftres de Lorraine , par Chevrier. *Bruxelles ,* 1754 , 2 *vol. in-*12.

824. Hiftoire de Metz. *Metz ,* 1769, 2 *vol. in-4.*

825. Hiftoire de Toul, par Benoit. *Toul,* 1707, *in-4.*

826. Mémoires concernant la Navigation des Rivieres de la Province des trois Evêchés. *Metz,* 1773 , *in-4.*

827. Repréfentation des Fêtes données par la Ville de Strasbourg. *gr. in-fol. fig.*

828. Relation des Entrées dans la Ville de Lyon. *Lyon,* 1752, *in-4. m. r.*

829. Histoire des Comtes de Tolose, par Catel. *Toulouse,* 1623, *in-fol.*

830. Histoire de Bordeaux, par Dom de Vienne. *Paris,* 1771, *in-4.*

HISTOIRE D'ALLEMAGNE, &c.

831. Histoire d'Allemagne, par Barre. *Par.* 1748, 11 *vol. in-4.*

832. Vie de Charles V, trad. de Greg. Leti. *Amst.* 1730, 4 *vol. in-12.*

833. Histoire de Charles V, par Robertson, trad. par Suart. *Par.* 1771, 6 *vol. in-12.*

834. Histoire du Prince Eugene. *Amst.* 1750, 5 *vol. in-12.*

835. Histoire de l'Empereur Charles VI. *Amsterdam,* 1742, 2 *vol. in-12.*

836. Histoire générale de la Maison d'Autriche, par Krafft. *Bruxelles,* 1744, 3 *vol. in-fol.*

837. Campagnes du Roi de Prusse, en 1742 & 1745. *Amst.* 1763, *in-12.*

838. Abrégé Chronologique de l'Histoire de Flandres. *Dunkerque,* 1762, *in-8.*

839. Tableau Historique de la Suisse. *Par.* 1766, *in-12.*

840. Histoire d'Espagne, trad. de Ferreras, par d'Hermilly. *Par.* 1751, 10 *vol. in-4.*

841. Histoire de Ximenès, par Marsollier. *Paris,* 1739, 2 *vol. in-12.*

842. Vie de Philippe II, trad. de Greg. Leti. *Paris,* 1734, 6 *vol. in-12.*

843. Mémoires pour l'Histoire d'Espagne, sous Philippe V, par de Saint-Philippe, 1756, 4 *vol. in-12.*

844. Testament d'Alberoni. *Lausanne,* 1754, *in-12.*

845. Histoire des Révolutions de Portugal, par de Vertot. *Par.* 1758, *in-12.*

846. Histoire d'Angleterre, par Rapin Thoyras. *La Haye,* 1749, 16 *vol. in-4.*

847. Histoire d'Angleterre, trad. de Smolett, par Targe. *Orléans,* 1759, 19 *vol. in-12.*

848. Histoire d'Angleterre, par Hume. *Amst.* (*Par.*) 1765, 7 *vol. in-4.*

849. Hiftoire des Révolutions d'Angleterre , par le P. d'Orléans. *Paris* , 1768 , 4 *vol. in-*12.

850. Hiftoire Navale d'Angleterre. *Lyon* , 1751 , 3 *vol. in-*4.

851. Tableau de l'Angleterre. *Paris* , 1769 *in-*8.

852. Vie d'Elizabeth , par Leti. *Londres* , 1744 , 2 *vol. in-*12.

853. Vie de Cromwel , par Leti. *Amfterdam* , 1744 , 2 *vol. in-*12.

854. Révolutions d'Ecoffe & d'Irlande , en 1707 , 1708 & 1709. *La Haye* , 1758 , *in-*12.

855. Hiftoire du Miniftere de Walpool. *Paris* , 1764, 3 *vol. in-*12.

856. Hiftoire de Sobieski , par l'Abbé Coyer. *Paris* , 1761 , 3 *vol. in-*12.

857. Lettres fur le Dannemarck. *Geneve* , 1758 , *in-*12.

858. Defcription Hiftorique de l'Empire Ruffien , par Strahlenberg. *Paris* , 1757 , 2 *vol. in-*12.

859. Letttres d'Algarotti fur la Ruffie. *Paris* , 1769 , *in-*12.

860. Anecdotes du Régne de Pierre I , 1745 , *in-*12.

861. Mémoires fur la Ruffie , par le Général Manftein. *Lyon* , 1772 , 2 *vol. in-*8.

HISTOIRE D'ASIE , D'AFRIQUE ET D'AMÉRIQUE.

862. Abrégé de l'Hiftoire des Turcs , par Vanel. *Paris*, 1697 , 4 *vol. in-*12.

863. Hiftoire de l'Empire Ottoman , par Cantimir , trad. par de Joncquieres. *Paris* , 1743 , 4 *vol. in-*12.

864. Hiftoire de Mahomet II. *Paris* , 1764 , *in-*12.

865. Effai fur les Troubles actuels de Perfe & de Géorgie. *Paris* , 1754 , *in-*12.

866. Hiftoire de la derniere Révolution des Indes Orientales , par Mafcrier. *Paris* , 1757 , *in-*12.

867. Hiftoire des Guerres de l'Inde. *Amfterdam* , 1765 , 2 *vol in-*12.

868. Evénemens Hiftoriques relatifs au Bengale , trad. de l'Anglois de Holwell. *Paris* , 1768 , *in-*8.

869. Hiftoire générale des Huns , par de Guignes. *Paris* , 1756 , 5 *vol. in-*4.

870. Hiftoir

870. Hiſtoire générale de la Chine , trad. du Chinois, par le P. Mailla, & publiée par Groſier. *Paris* , 1776, 10 *vol. in-*4.

871. Hiſtoire du Royaume de Siam, par Turpin. *Paris* , 1771 , 2 *vol. in-*12.

872. Eſſai ſur cette queſtion : Quand & comment l'Amérique a-t-elle été peuplée ? *Amſt.* 1767 , 4 *vol. in-*12.

873. Hiſtoire de la Conquête du Mexique , par Solis. *Par.* 1730, 2 *vol. in-*12.

874. Hiſtoire du Paraguay , par Charlevoix. *Paris* , 1756 , 3 *vol. in-*4.

875. Hiſtoire & Deſcription de la Nouvelle France , par Charlevoix. *Paris* , 1744 , 3 *vol. in-*4. *fig.*

G É N É A L O G I E S.

876. Les diverſes eſpeces de Nobleſſe , par Meneſtrier. *Par.* 1682, *in-*12.

877. L'Art Heraldique , par Baron. *Paris* , 1687 , *in-*12.

878. Tréſor Généalogique , par Dom Caffiaux. *Paris* , 1777 , *in-*4.

879. Hiſtoire Généalogique des Rois de France , par Charron. *Paris*, 1630 , *in-*12.

880. Les Grandeurs de la Maiſon de France. *Paris* , 1667 , *in-*4.

881. Hiſtoire Généalogique de la Maiſon de France, par le P. Anſelme. *Paris* , 1726 , 9 *vol. in-fol.*

882. Armorial général de la France, par d'Hozier, *Paris*, 1738 , 10 *vol. in-fol.*

883. Dictionnaire Généalogique , par de la Chenaye des Bois. *Paris* , 1770 , & *ſuiv.* 12 *vol. in-*4.

884. Almanach Généalogique pour les années 1746 , 47 , 48 , & Mémorial de Chronologie , par l'Abbé d'Etrée , 5 *vol. in-*16.

885. Tablettes Généalogiques, par Chazot. *Paris* , 1749 , 6 *vol. in-*16.

886. Tablettes Généalogiques des Ducs & Pairs de France , par Saint-Martin. *Paris* , 1664 , *in-fol.*

887. Nobiliaire de Picardie , par Haudicquer de Blancourt. *Paris* , 1693 , *in-*4.

888. Nobiliaire de Picardie , *in-fol. gr. pap.*

F

889. Recueil de plufieurs nobles & illuftres Maifons d'Amiens, par la Morliere. *Paris*, 1642, *in-fol.*

890. Recherches de la Nobleffe de Champagne, par Caumartin. *Chaalons*, 1673, *in-fol. gr. pap.*

891. Catalogue & Armoiries des Gentilshommes qui ont - affifté à la tenue des Etats de Bourgogne, depuis 1548, jufqu'en 1682. *Dijon*, 1760, *in-fol.*

892. Etat de la Provence, par Robert de Briancon. *Paris*, 1693, 3 *vol. in-12.*

893. Hiftoire Héroïque de la Nobleffe de Provence, par Artefeuil. *Avignon*, 1757, 2 *vol. in-4.*

894. Armorial des Etats de Languedoc, par Boudeau. *Montpellier*, 1686, *in-4.*

895. Traité de la Nobleffe des Capitouls de Touloufe, par de la Faille. *Touloufe*, 1707, *in-4.*

896. Hiftoire Généalogique de plufieurs Maifons illuftres de Bretagne, par Auguftin du Paz. *Paris*, 1620, *in-fol.*

897. Armorial de la Ville de Paris. *Paris*, *in-fol. fig.*

898. Hiftoire Généalogique de la Maifon d'Auvergne, par Juftel. *Paris*, 1745, *in-fol.*

899. Hiftoire Généalogique de la Maifon d'Auvergne, par Baluze. *Paris*, 1708, 2 *vol. in-fol.*

900. Hiftoire Généalogique de la Maifon du Chatelet, par Dom Calmet. *Nanci*, 1741, *in-fol.*

901. Extrait de la Généalogie de la Maifon de Mailly. *Paris*, 1757, *in-fol.*

902. Hiftoire de la Maifon de Montmorency, par Deformeaux. *Paris*, 1764, 5 *vol. in-12.*

903. De Rofieres Stemmata Lotharingiæ, ac Barri Ducum. *Parifiis*, 1581, *in-fol.*

904. Tables Généalogiques des Maifons d'Autriche & de Lorraine. *Paris*, 1770, *in-8.*

905 Nobiliaire de Lorraine, par Dom Pelletier. *Nanci*, 1758, *in-fol.*

A N T I Q U I T É S.

906. Le Curieux Antiquaire, par Berkenmeyer. *Leyde*, 1729, 3 *vol. in-8.*

907. Recueil d'Antiquités Egyptiennes, par de Caylus. *Par.* 1752, 7 *vol. in-4.*

908. Hiftoria Religionis Veterum Perfarum , auct. Thomâ Hyde. *Oxonii* , 1700 , *in-4.*

909. Differtation fur les Mœurs , les Ufages & la Religion des Hindous , traduite de l'Anglois. *Paris* , 1769 , *in-12.*

HISTOIRE LITTÉRAIRE , &c. ;
DICTIONNAIRES.

910. Hiftoria Univerfitatis Parifienfis Auct. Bulæo. *Parif.* 1665 , 6 *tom.* 4 *vol. in-fol.*

911. Hiftoire & Mémoires de l'Académie Royale des Sciences , depuis 1666 , jufqu'en 1775 incluf. *Par.* 1733 , & autres années, 92 *vol. in-4.*
—— Machines , 6 *vol. in-4.*
—— Tables , 5 *vol. in-4. plus le tome VIII.*
—— Figure de la Terre , *in-4.*
—— Géométrie de l'Infini , *in-4.*
—— Aurore Boréale , 1733 , *in-4.*

912. Hiftoire & Mémoires de l'Académie des Infcrip-tions & Belles - Lettres. *Paris* , 1736 , & *fuiv.* 37 *vol. in-4.*

913. Les trois Siécles de la Littérature Françoife , depuis François I , par l'Abbé Sabathier. *Paris* , 3 *vol. in-8.*

914. Mémoires de Littérature , par Sallengre. *La Haye* , 1715 , 2 *vol. in-8.*

915. Bibliographie Inftructive , par Debure. *Par.* 1763 , 7 *vol. in-8.*

916. Catalogue de Gaignat. *Paris* , 1768 , 2 *vol. in-8.*

917. Vies des Hommes Illuftres & Œuvres Morales de Plutarque , traduites par Amyot. *Paris* , *Vafcofan* , 1567 , 13 *vol. in-8.*

918. Œuvres de Brantome. *La Haye* , 1740 , 15 *vol. in - 12.*

919. Vies des Hommes Illuftres de la France , par Dauvigny & Perrau. *Paris* , 1739 , 20 *vol. in-12.*

920. Abrégé de la Vie des Peintres , par d'Argenville. *Paris* , 1745 , 3 *vol. in-4.*

921. Hiftoire de Scanderberg, par de Lavardin. *Paris*, 1576, *in-4*.

922. Vie de Moliere. *Par.* 1705, *in-12.*

923. Dictionnaire Hiftorique & Critique, par Bayle. *Amft.* 1730, 4 *vol. in-fol.*

924. Nouveau Dictionnaire Hiftorique & Critique, par Chauffepié. *Amft.* 1750, 4 *vol. in-fol.*

925. Remarques Critiques fur le Dictionnaire de Bayle, par Joly. *Par.* 1752, *in-fol.*

926. Dictionnaire Hiftorique, par Morery. *Par.* 1759, 10 *vol. in-fol.*

927. Nouveau Dictionnaire Hiftorique-Portatif. *Paris*, 1769, 4 *vol. in-8.*

928. Mémoires d'Amelot de la Houffaye. *Amft.* 1724, 2 *vol. in-12.*

SUPPLÉMENT.

1. EVANGILE Médité. *Paris*, 1777, 8 *vol. in-12.*

2. Année Spirituelle. *Paris*, 1770, 3 *vol. in-12.*

3. Penfées de Bourdaloue. *Paris*, 1774, 3 *vol. in-12.*

4. Cathéchifme de Montpellier. *Paris*, 1739, 2 *vol. in-12.*

5. De la Connoiffance de Dieu & de foi-même, par Boffuet. *Paris*, 1741; *in-12.*

6. Œuvres Spirituelles de Fenelon. (*Paris*,) 1767, 4 *vol. in-12.*

7. L'Ame élevée à Dieu. *Lyon*, 1777, 2 *vol. in-12.*

8. Dictionnaire des Livres Janféniftes. (*Paris*,) 1745, 4 *vol. in-12.*

9. Théologie des Infectes, par Leffer. *La Haye*, 1742, 2 *vol. in-8.*

10. Théorie des Loix Civiles, par Linguet. (*Paris*,) 1767, 2 *vol. in-12.*

11. Logique de Port-Royal. *Par.* 1730, *in-12.*

12. Le Monnier Curfus Philofophicus. *Parifiis*, 1750, 6 *vol. in-12.*

13. Traité du vrai Mérite, par de Claville. *Rouen*, 1742, 2 *vol. in-12.*

14. Œuvres de Mme de Lambert. *Paris*, 1748, 2 *vol. in - 12.*

15. Essais sur les Passions & sur leurs Caracteres. *Paris*, 1748, 2 *vol. in-12.*

16. De l'Amitié. *Paris*, 1761, *in-8.*

17. Directions pour la Conscience d'un Roi, par Fenelon, 1747, *in-8.*

18. Magasin des Enfants. *Lyon*, 1773, 2 *vol. in-12.*

19. Dictionnaire de Physique, par Paulian. *Avignon*, 1760, *in-8.*

20. Expériences & Observations sur l'Electricité, par Franklin. *Paris*, 1752, *in-8.*
—— Lettres sur l'Electricité, par Beccaria. *Paris*, 1754, *in-12.*

21. La Maison Rustique. *Paris*, 1755, 2 *vol. in-4.*

22. Supplément au Dictionnaire Economique. *Paris*, 1743, 2 *vol. in-fol.*

23. De la Sobriété & de ses avantages, trad. de Lessius & Cornaro. *Paris*, 1772, *in-12.*

24. La Médecine, la Chirurgie, & la Pharmacie des Pauvres, par Hecquet. *Paris*, 1740, 3 *vol. in-12.*

25. Abrégé de Rivard. *Paris*, 1744, *in - 8.*

26. Institutions de Géométrie, par de la Chapelle. *Par.* 1746, 2 *vol. in-8.*

27. Rêveries de Saxe, par de Bonneville. *La Haye*, 1756, 2 *vol. in-8.*

28. Parfait Maréchal, par Garsault. *Paris*, 1755, *in-4.*

29. Traité des Etudes, par Rollin. *Paris*, 1736, 4 *vol. in-12.*

30. Cours d'Etudes à l'usage des Eleves de l'Ecole Militaire, par Batteux. *Paris*, 28 *vol. in-12.*

31. Boudot, 1755, *in-8.*

32. Dictionnaire François-Latin, par Joubert. *Lyon*, 1738, *in-4.*

33. Synonymes François, par Girard, 1770, 2 *vol. in-12.*

34. Abrégé du Dictionnaire de Trevoux, par Berthelin. *Paris*, 1762, 3 *vol. in-4.*

35. Dictionnaire des Notions Primitives. *Paris*, 1771, 3 *vol. in-8.*

36. Dictionnaire Italien & François, par Veneroni. *Basle*, 1764, *in-4.*

37. Principes pour la Lecture des Orateurs, *Paris*, 1753, 3 *vol. in*-8.
38. Dialogue fur l'Eloquence, par Fenelon. *Paris*, 1774, *in*-12.
39. Rhétorique de Gibert. *Paris*, 1742, *in*-12.
40. Quinctiliani Opera ex recenfione Obrechti. *Argentorati.* 1698, 2 *vol. in*-4.
41. Ornemens de la Mémoire. *Paris*, 1771, *in*-12.
42. La Henriade, avec les Variantes, 1765, 2 *vol. in*-12.
43. Œuvres de J. Racine. *Paris*, 1755, 3 *vol. in*-12.
44. Théatre de Voltaire. *Genève*, 1764, 6 *vol. in*-12.
45. Les Philofophes, & Piéces pour & contre. —— L'Ecoffaiffe, Comédies, 2 *vol. in*-12.
46. Dom Quichotte, 1768, 6 *vol. in*-12.
47. Lettres du Marquis de Rofelle. *Paris*, 1764, *in*-12.
48. Mémoires pour fervir à l'Hiftoire de la Vertu, 1762, 4 *vol. in*-12.
49. Contes Moraux, par Marmontel, 1761, 2 *vol. in*-12.
50. Œuvres du P. André. *Paris*, 1764, 4 *vol. in*-12.
51. L'Efprit des Beaux-Arts. *Paris*, 1753, 2 *vol. in*-12.
52. Efprit de Fontenelle, 1753, *in*-12.
53. Dialogue des Morts, par Fenelon. *Paris*, 1775, *in*-12.
54. Lettres de Dunoyer. *Paris*, 1739, 6 *vol. in*-12.
55. Lettres de Ganganelli. *Paris*, 1777, 2 *vol. in*-12.
56. Principes de l'Hiftoire, par Lenglet Dufrefnoy. *Paris*, 1736, 6 *vol. in*-12.
57. Dictionnaire Portatif de Géographie, Hiftoire Univerfelle, &c. &c. *Avignon*, 1760, 8 *vol. in*-8.
58. Hiftoire générale de tous les Peuples du Monde, par Lambert. *Paris*, 1750, 15 *vol. in*-12.
59. Hiftoire Univerfelle de Jac. Aug. de Thou. *La Haye*, 1740, 11 *vol. in*-4.
60. Mémoires Chronologiques pour l'Hiftoire Univerfelle de l'Europe, depuis 1600, jufqu'en 1716, par d'Avrigny. *Paris*, 1725, 4 *vol. in*-12.
61. Hiftoire Moderne. *Paris*, 1755, 12 *vol. in*-12.
62. Hiftoire générale des Conjurations, par Dutertre, 1754, 10 *vol. in*-12.
63. Hiftoire générale des Voyages, par Prévoft. *Paris*, 1746, & *fuiv.* 17 *vol. in*-4. *fig.*
64. Mœurs des Ifraélites & des Chrétiens, par Fleury. *Paris*, 1739, *in*-12.

65. Hiftoire des Juifs, de Jofeph , trad. par Arnauld d'Andilly. *Paris* , 1744 , 6 *vol. in*-12.

66. Hiftoire Ancienne, par Rollin. *Paris* , 1748 , 14 *vol.
in*-12.

67. Hiftoire Romaine , par Rollin & Crevier. *Paris* ,
1740 , 16 *vol. in*-12.

68. Hiftoire Romaine avec des Réflexions , par Tailhié.
Paris , 1755 , 4 *vol. in*-12.

69. Hiftoire des Empereurs , par Crevier. *Paris* , 1749,
12 *vol. in*-12.

70. Hiftoire du Bas-Empire , par le Beau. *Paris* , 1757 ,
12 *vol. in*-12.

71. Hiftoire de la République de Venife , par Laugier.
Paris , 1759, 12 *vol. in*-12.

72. Notice de l'Ancienne Gaule , par d'Anville , *Paris*,
1760, *in*-4.

73. Abrégé Chronologique de l'Hiftoire de France, par
Mezeray. *Paris*, 1740, 13 *vol. in*-12.

74. Hiftoire de France , par Velly , Villaret & Garnier.
Paris , 1755 , & *fuiv.* 26 *vol. in*-12.

75. Elémens de l'Hiftoire de France & d'Angleterre, par
Millot. *Paris*, 1770, 1773 , 6 *vol. in*-12.

76. Hiftoire de la Rivalité , par Gaillard. *Paris* , 1771 ,
4 *vol. in*-12.

77. Mémoires de Sully. *Londres* , (*Paris*,) 1747 , 3 *vol.
in*-4. *gr. pap.*

78. Hiftoire de Louis XIII, par de Bury , *Paris*, 1768 ,
4 *vol. in*-12.

79. Mémoires pour fervir à l'Hiftoire de la Cour de
France, & à celle d'Henriette d'Angleterre, par Mme de
la Fayette, 1742, *in*-12.

80. Siécle de Louis XIV , par Voltaire , 1765 , 3 *vol.
in*-12.

81. Mémoire de la Régence, 1736, 3 *vol. in*-12.

82. Hiftoire de l'Empire d'Allemagne , & principalement
de fes Révolutions. *Paris* , 1771, 8 *vol. in*-12.

83. Hiftoire du Prince Eugene. *Vienne* , 1755 , 5 *vol. in*-12.

84. Hiftoire des Révolutions d'Angleterre. *Paris* , 1744 ,
4 *vol. in*-12.

85. Abrégé Chronologique de l'Hiftoire d'Efpagne , par
Deformeaux. *Paris*, 1759, 5 *vol. in*-12.

86. Hiftoire de Sobieski , par Coyer. *Paris* , 1761 , 3 vol. *in-12*.
87. Hiftoire de Ruffie , par Voltaire, 1761 , *in-12*.
88. Hiftoire des Révolutions de l'Empire de Ruffie , par Lacombe. *Paris* , 1760 , *in-8*.
89. Traité du Blafon , par Trudon , 1689 , *in-8. fig.*
90. Recherches des Antiquités & Nobleffe de Flandre , par de l'Efpinoy. *Douay* , 1631 , *in-fol.*
91. Hiftoire de la Littérature Françoife , par de la Baftide. *Par.* 1772 , 2 vol. *in-12*.
92. Dictionnaire de Morery. *Par.* 1725. —— Supplément , *Par.* 1749 , 8 vol. *in-fol.*
93. Dictionnaire Hiftor. par Ladvocat. *Par.* 1752, 2 vol. *in-8.*

CATALOGUE
ALPHABÉTIQUE
DES OPÉRA,

Avec les noms de ceux qui ont fait les Paroles & la Mufique. Le premier nom eft celui du Poëte ; le fecond, celui du Muficien.

A

ACANTE & Céphife , Paftorale héroïque , en trois actes. MM. Marmontel & Rameau , 1751.

Achille & Déïdamie , Tragédie , avec Prologue. Danchet & Campra , 1735.

Achille & Polixène , Tragédie , avec Prologue. Campiftron & Colaffe , 1687.

Acis & Galatée , Paftorale héroïque , en trois actes , avec Prologue. Campiftron & Lully , 1686.

Ages, [les] Balet , de trois entrées , avec Prologue. Fuzelier & Campra , 1718.

Ajax , Tragédie , avec Prologue. Méneffon & Bertin , 1716.

Alcefte , ou le Triomphe d'Alcide , Tragédie , avec Prologue. Quinault & Lully , 1674.

Alcide ,

Alcide , Trag. avec Prologue. Campiftron & Louis Lully , avec Marais, 1693.

Alcine , Tragédie , avec Prologue. Danchet & Campra , 1705.

Alcione , Tragédie , avec Prologue. La Motte & Marais , 1706.

Almafis , acte de Moncrif & Royer 1747.

Amadis de Gaule , Tragédie , avec Prologue. Quinault & Lully , 1684.

Amadis de Grece , Tragédie , avec Prologue. La Motte & Deftouches , 1699.

Amours déguifés , [les] Ballet en trois entrées , avec Prologue. Fuzelier & Bourgeois, 1713.

Amours de Momus, [les] Ballet en trois actes , avec Prologue. Duché & Defmarets , 1695.

Amours de Prothée , [les] Ballet en trois actes , avec Prologue. Lafont & Gervais , 1720.

Amours des Déeffes , [les] Ballet en quatre entrées , avec Prologue; Fuzelier & Quinault , 1729.

Amours des Dieux , [les] Ballet en quatre entrées & un Prologue. Fuzelier & Mouret , 1727.

Amours de Tempé , [les] Ballet en quatre entrées. Cahufac & d'Auvergne , 1752.

Amours de Vénus , [les] Ballet en trois actes , avec un Prologue. Danchet & Campra , 1712.

Amours du Printemps , [les] Ballet en un acte. Bonneval & Colin de Blâmont , 1737.

Année Galante , [l'] Ballet en quatre actes, avec Prologue. Roy & Mion, 1747.

Aréthufe , Ballet en trois actes , avec Prologue. Danchet & Campra , 1701.

Ariane , Tragédie , avec Prologue. La Grange , Roy & Mouret , 1717.

Ariane & Bacchus , Tragédie , avec Prologue. Saint-Jean & Marais , 1696.

Aricie , Ballet en cinq actes , avec Prologue. Pic & la Cofte, 1697.

Arion , Tragédie , avec Prol. Fuzelier & Matho , 1714.

Armide , Tragédie , avec Prologue. Quinault & Lully. 1686.

Aftrée , Tragédie , avec Prologue. La Fontaine & Colaffe , 1691.

Atys , Tragédie , avec Prologue. Quinault & Lully , 1676.

G

Auguſtales, [les] Prologue ajouté à l'Opéra d'Acis & Ga-
  latée. Moncrif, Rebel & Francœur,   1744.
Azolan , Ballet héroïque , en trois actes. MM. le Monnier
  & Floquet,   1774.

B.

Ballet de Villeneuve - Saint-George , [le] de Bauzy &
  Colaſſe ,   1692.
Bellerophon , Tragédie , avec Prologue. Fontenelle &
  Lully ,   1679.
Biblis , Tragédie , avec Prologue. Fleury & la Coſte , 1732.
Bradamante , Tragédie , avec Prologue. Roy & la Coſte ,
                                            1707.

C

Cadmus , Tragédie , avec Prologue. Quinault & Lully, 1673.
Callirhoé , Tragédie , avec Prologue. Roy & Deſtouches ,
                                            1712.
Camille , Tragédie , avec Prolog. Danchet & Campra, 1717.
Canente , Tragédie , avec Prologue. La Motte & Colaſſe ,
                                            1700.
    Remiſe en Muſique ſans Prologue , par d'Auver-
  gne , en 1760.
Caracteres de l'Amour , [les] Ballet en trois actes , avec
  Prologue. Pellegrin & Colin de Blâmont,   1738.
Caracteres de la Folie , [les] Ballet en trois actes & un
  Prologue , de Duclos & de Bury,   1743.
Carnaval , [le] Maſcarade , Ballet de neuf entrées , avec
  Prologue , de différens Auteurs , & de Lully ,   1675.
Carnaval & la Folie , [le] Comédie-Ballet , avec Prologue.
  La Motte & Deſtouches,   1704.
Carnaval du Parnaſſe , [le] Ballet héroïque en trois actes
  & un Prologue. Fuzelier & Mondonville,   1749.
Carnaval de Veniſe , [le] Ballet de quatre entrées , avec
  Prologue. Regnard & Campra,   1699.
Caſſandre , Tragédie , avec Prologue. La Grange , Bouvart
  & Bertin ,   1706.
Caſtor & Pollux , Tragédie , avec Prologue. Bernard &
  Rameau ,   1737.
Célime , en un acte. M. de Chenevieres & le Chevalier
  d'Herbain ,   1756.

Céphale & Procris , Tragédie , avec Prologue. Duché &
    Mlle Laguerre ,   1693.
Circé , Tragédie , avec Prologue. Madame de Saintonge
    & Defmarets ,   1694.
Coronis , Paftorale , en trois actes , avec Prologue. Beaugé
    & Théobalde ,   1691.
Creüfe , Tragédie , avec Prologue. Roy & la Cofte ,
                                           1712.

D.

Daphnis & Alcimadure , Paftorale en trois actes , avec
    Prologue , en langage Languedocien. Mondonville ,
    Auteur des Paroles & de la Mufique ,   1754.
Daphnis & Chloé , Paftorale en trois actes , avec Pro-
    logue. M. Laujon & Boifmortier ,   1747.
Dardanus , Tragédie , avec Prologue. La Bruere &
    Rameau ,   1739.
Deucalion & Pyrra , un acte , de MM. de Saint-Foix ,
    Giraud & Berton ,   1755.
Devin du Village, [le] Intermede de Jean-Jacques Roufleau,
    Auteur des Paroles & de la Mufique ,   1753.
Didon , Tragédie , avec Prologue. Madame de Saintonge
    & Defmarets ,   1693.
Diomede, Tragédie , avec Prologue. La Serre & Bertin, 1720.
Don Quichotte , Ballet comique en trois actes , avec Pro-
    logue. MM. Favart & Boifmortier ,   1745.

E

École des Amans, [l'] Ballet en trois actes & en profe ,
    avec Prologue , de Fuzelier & Niel ,   1744.
Églé , en un acte , par MM. Laujon & de la Garde , 1751.
Élémens , [les] Ballet en quatre entrées , avec Prologue.
    Roy & Deftouches avec Lalande ,   1725.
Élide, [la Princeffe d'] Ballet en trois actes , avec Pro-
    logue. Pellegrin & Villeneuve ,   1728.
Empire de l'Amour, [l'] Ballet en trois actes , avec Pro-
    logue. Moncrif & Braffac ,   1713.
Endymion , Paftorale en cinq actes , avec Prologue. Fon-
    tenelle & Blâmont ,   1731.
Énée & Lavinie , Tragédie , avec Prologue. Fontenelle &
    Colaffe ,   1690.

Remife en Mufique fans Prologue, par d'Auvergne,
                                     1758.

Europe Galante, [l'] Ballet en quatre entrées, avec Prologue. La Motte & Campra,   1697.

F

Fêtes de l'Amour & de Bacchus, [les] Paftorale en trois
actes, avec Prologue. Quinault & Lully,   1672.

Fêtes de l'Eté, [les] Ballet en quatre entrées, avec Prologue. Pellegrin & Montéclair,   1716.

Fêtes de l'Hymen & de l'Amour, [les] Ballet en trois
actes, & un Prologue. Cahufac & Rameau,   1748.

Fêtes de Paphos, [les] en trois actes, 1°. Les Amours
de Vénus & d'Adonis, par Collet. 2°. Bacchus & Eri-
gone, par de la Bruere. 3°. L'Amour & Pfyché, de
l'Abbé de Voifenon. Mufique de Mondonville.   1758.

Fêtes de Polymnie, [les] Ballet de trois entrées, avec un
Prologue. Cahufac & Rameau,   1745.

Fêtes de Thalie, [les] Ballet en trois entrées, avec Prologue. Lafont & Mouret,   1714.

Fêtes d'Euterpe, [les] Ballet en trois entrées, fçavoir, la
Sybille, de Moncrif; Alphée & Aréthufe, de Danchet;
la Coquette de M. Favart. On a enfuite fubftitué à cette
derniere, le Rival favorable, de Brunet. Mufique de
d'Auvergne.   1758.

Fêtes d'Hébé, [les ou les Talens Lyriques, Ballet en trois
entrées, avec Prologue. Mondorge & Rameau, 1739.

Fêtes Galantes, [les] Ballet en trois actes, avec Prologue.
Duché & Defmarets,   1638.

Fêtes Grecques & Romaines, [les] Ballet en trois actes,
avec Prologue. Fuzelier & Colin de Blâmont, 1723.

Fêtes Lyriques, [les] Ballet héroïque en trois entrées.
Lindor & Ifmene, par Bonneval & Francœur,
neveu. Anacréon, par Cahufac & Rameau. Erofine,
par de Moncrif & Berton,   1766.

Fêtes nouvelles, [les] Ballet en trois entrées, avec
Prologue. Maffip & Dupleffis,   1734.

Fêtes Vénitiennes, [les] Ballet, avec Prologue. Danchet
& Campra.   1710.

Fragmens. [les] On a donné en différens temps plufieurs
Opéra fous ce titre général. On appelle *Fragmens de Lully*,
l'extrait de plufieurs morceaux de ce Muficien, mis au

Théatre en 1702 ; par Campra. Danchet en fit les
paroles, 1702.

G

Génies [les] ou les Caracteres de l'Amour , Ballet de
quatre entrées , avec Prologue. Fleury & Mlle Duval,
1736.

Grâces , [les] Ballet en trois actes, avec Prologue. Roy
& Mouret, 1735.

Guirlande, [la] Acte de Ballet. M. Marmontel & Rameau, 1751.

H.

Héfione , Tragédie, avec Prologue. Danchet & Campra ,
1700.

Hippodamie, Tragédie , avec Prologue. Roy & Campra,
1708.

Hypermneftre , Tragédie , avec Prologue. Lafont & Gervais , 1716.

Hyppolite & Aricie , Tragédie , avec Prologue , Pellegrin & Rameau , 1733.

I.

Jafon , ou la Toifon d'or , Tragédie , avec Prologue.
Rouffeau & Colaffe, 1696.

Idylle fur la Paix , Ballet , paroles de Quinault , de
Racine & de Moliere, Mufique de Lully, 1685.

Idoménée, Tragédie, avec Prologue. Danchet & Campra,
1712.

Jephté , Tragédie, avec Prologue. Pellegrin & Montéclair, 1732.

Indes Galantes, [les] Ballet de quatre entrées, avec Prologue. Fuzelier & Rameau, 1735.
Remis avec des changemens.

Iphigénie en Aulide , Tragédie de Racine , mife en Opéra
par M. du Rolley, Mufique de M. Gluck, 1774.

Iphigénie en Tauride , Tragédie , avec Prologue. Duché
& Danchet , Campra & Defmarets, 1704.

Iphigénie en Tauride , Tragédie en quatre actes , tirée de
celle de Guimon de la Touche , & arrangée en Opéra,
par M. Guillard , Mufique de M. Gluck.

Isbé, Paſtorale en cinq entrées, avec Prologue. M. de la Riviere & Mondonville, 1742.

Ïîs, Tragédie, avec Prologue. Quinault & Lully, 1677.

Iſmęne, Acte de Moncrif, Rebel & Francœur, 1748.

Iſſé, Paſtorale en trois entrées, avec Prologue. La Motte & Deſtouches, 1697.

Cet Opéra a été mis depuis en cinq actes ; & c'eſt ainſi qu'on le donne, 1773.

Jugement de Pâris, [le] Paſtorale en trois actes, avec un Prologue. Pellegrin & Bertin, 1728.

L.

Léandre & Héro, Tragédie, avec Prologue. Le Franc & de Braſſac, 1750,

M.

Manto, [la Fée] Tragédie, avec Prologue. Méneſſon & Baptiſtin, 1711.

Marthéſie, Tragédie, avec Prologue. La Motte & Deſtouches, 1699.

Médée, Tragédie, avec Prologue. Corneille & Charpentier, 1693.

Médée & Jaſon, Tragédie, avec Prologue. L'Abbé Pellegrin, ſous le nom de la Roque & Salomon, 1713.

Médus, Tragédie, avec Prologue. La Grange & Bouvart, 1702.

Méduſe, Tragédie, avec Prologue. Boyer & Gervais, 1697.

Méléagre, Tragédie, avec Prologue. Joly & Baptiſtin, 1709.

Muſes, [les] Ballet. Muſique de Campra, 1703.

N.

Naïs, Ballet en trois actes & un Prologue. Cahuſac & Rameau, 1749.

Naiſſance de Vénus, [la] Paſtorale en cinq actes, avec un Prologue. Pic & Colaſſe, 1696.

Nitétis, Tragédie, avec Prologue. La Serre & Mion, 1741.

O.

Omphale, Tragédie, avec Prologue. La Motte & Deſtouches, 1701.

Orion, Tragédie, avec Prologue. Lafont, Pellegrin & la
Coste, 1728.
Orphée, Tragédie, avec Prologue. Du Boullai & Louis
Lully, 1690.
Orphée & Eurydice, Drame héroïque, traduit de l'Italien, par M. Moline, Musique de M. Gluck, 1774.

P.

Paix, [Ballet de la] de trois entrées, avec Prologue. Roy,
Rebel & Francœur. Ces Auteurs ont ajouté deux nouvelles entrées. Les cinq entrées sont 1°. Philis & Démophon. 2°. Iphis & Yanthe. 3°. Baucis & Philémon.
4°. La Fuite de l'Amour. 5°. Nirée, 1738.
Peines & les Plaisirs de l'Amour, [les] Pastorale en
cinq actes, avec Prologue. Gilbert & Cambert. 1672.
Persée, Tragédie, avec Prologue. Quinault & Lully, 1682.
Phaéton, Tragédie, avec Prologue. Quinault & Lully,
1683.
Phaétuse, Acte. Fuzelier & Iso. 1759.
Philomele, Tragédie, avec Prologue. Roy & la Coste, 1705.
Pigmalion, Acte du Triomphe des Arts. De la Motte &
Rameau, 1748.
Pirithoüs, Tragédie, avec Prologue. La Serre & Mouret,
1723.
Plaisirs de la Campagne. [les] Ballet en trois actes, avec Prologue. Pellegrin & Bertin, 1719.
Plaisirs de la Paix, [les] Ballet en trois actes, avec Prologue. Méneßon & Bourgeois, 1715.
Platée, Ballet bouffon, en trois actes, avec Prologue,
d'Autreau & Rameau, 1749.
Polixene & Pyrrhus, Tragédie, avec Prologue. La Serre
& Colaffe, 1706.
Polydore, Tragédie, avec Prologue. La Serre & Baptistin,
1729.
Pomone, Pastorale en cinq actes, avec Prologue. Perrin &
Cambert, 1677.
Pouvoir de l'Amour, [le] Ballet héroïque en trois actes,
avec Prologue. Le Fevre de S. Marc & Royer, 1743.
Prince de Noisi, [le] Ballet héroïque en trois actes. La
Bruere, Rebel & Francœur, 1760.
Proserpine, Tragédie, avec Prologue. Quinault & Lully,
1680.

Pſyché, Tragédie, avec Prologue. Fontenelle & Lully, 1678.

Pyrame & Thisbé, Tragédie, avec Prologue. La Serre, Rebel & Francœur, 1726.

Pyrrhus, Tragédie, avec Prologue. Fermel'huis & Royer, 1730.

R.

Ragonde, Comédie en trois actes. Deſtouches & Mouret, 1712.

Reine des Péris, ou des Fées, [la] Comédie, en cinq actes, avec un Prologue. Fuzelier & Aubert. 1725.

Renaud, ou la ſuite d'Armide, Tragédie, avec Prologue. Pellegrin & Deſmarets, 1722.

Roland, Tragédie, avec Prologue. Quinault & Lully, 1685.

Romans, [les] Ballet en quatre entrées, avec Prologue. Bonneval & Niel, 1736.

S.

Saiſons, [les] Ballet en quatre entrées, avec Prologue. L'Abbé Pic, Louis Lully & Colaſſe, 1695.

Scanderberg, Tragédie, avec Prologue. La Motte, Rebel & Francœur. 1735.

Scylla, Tragédie, avec Prologue. Duché & Théobalde, 1701.

Scylla & Glaucus, Tragédie, avec Prologue. D'Albaret & le Clerc, 1716.

Sémélé, Tragédie, avec Prologue. La Motte & Marais, 1709.

Sémiramis, Tragédie, avec Prologue. Roy & Deſtouches, 1718.

Sens, [les] Ballet en cinq actes, avec Prologue. Roy & Mouret, 1732.

Stratagêmes de l'Amour, [les] Ballet de trois entrées, avec Prologue. Roy & Deſtouches, 1726.

Surpriſes de l'Amour, [les] Ballet de trois entrées. Bernard & Rameau. 1757.

T.

Tancréde, Tragédie, avec Prologue. Danchet & Campra, 1702.

Tarſis & Zélie, Tragédie, avec Prologue. La Serre, Rebel & Francœur, 1723.

Télégone, Tragédie, avec Prologue. Pellegrin & la Coſte, 1725.

Télémaque

Télémaque ou Calypso, Tragédie, avec Prologue. Pellegrin & Deftouches, 1714.

Télémaque, Tragédie, avec Prologue. Danchet & Campra, 1704.

Télephe, Tragédie, avec Prolog. Danchet & Campra, 1713.

Temple de la Gloire, [le] Ballet en trois actes, avec Prologue. De Voltaire & Rameau, 1745.

Temple de Gnide, [le] Paftorale des Fragmens. Bellis, Roy & Mouret, 1741.

Temple de la Paix, [le] Ballet en fix entrées. Quinault & Lully, 1685.

Théagene & Chariclée, Tragédie, avec Prologue. Duché & Defmarets. 1695.

Théonoé, Tragédie, avec Prol. La Roque & Salomon, 1715.

Théfée, Tragédie, avec Prol. Quinault & Lully, 1675.

Thétis & Pélée, Tragédie, avec Prologue. Fontenelle & Colaffe. 1689.

Titon & l'Aurore, Paftorale héroïque, de la Marre & de Mondonville, avec un Prologue, de la Motte, dont le fujet eft Prométhée. 1753.

Triomphe de l'Amour, [le] Ballet de vingt entrées, réduit à quatre, avec Prologue. Quinault & Lully, 1681.

Triomphe de l'Harmonie, Ballet en trois actes, avec Prologue. Le Franc & Grenet, 1737.

Triomphe des Arts, [le] Ballet en cinq entrées. La Motte & la Barre. 1700.

Triomphe des Sens, [le] Ballet en cinq entrées. Mouret, 1732.

V.

Vénitienne, [la] Com. Ballet en trois actes, avec Prologue. La Motte & la Barre. 1705.

Vénus & Adonis, Tragédie, en cinq actes, avec un Prologue. Rouffeau & Defmarets. 1697.

Ulyffe, Tragédie, avec Prologue. Guichard & Rebel, pere, 1703.

Voyages de l'Amour, [les] Ballet en quatre entrées, avec Prologue. La Bruere & Boifmortier, 1736.

Z.

Zaïde, Ballet héroïque en trois actes, avec Prologue. La Marre & Royer, 1739.

Zaïs, Ballet héroïque, en quatre actes & un Prologue, Cahufac & Rameau, 1748.
Zélindor, Acte de Moncrif, Rebel & Francœur, 1745.
Zéphire & Flore, Ballet en trois actes, avec Prologue. Du Boullay & les freres Lully, 1688.
Zoroaftre, Tragédie. Cahufac & Rameau, 1749.

ÓÉRA COMIQUES.

Blaise le Savetier, par MM. Sedaine & Philidor, 1759.
Le Bucheron ou les Trois Souhaits. MM. Caftet, Guichar, Philidor, 1763.
Les deux Chaffeurs & la Laitiere. MM. Anfeaume & Duni, 1763.
Fanfale, Parodie d'Omphale. Favart & Marcou- ville, 1752.
Le Jardinier & fon Seigneur. MM. Sedaine & Philidor, 1761.
Lucile. MM. Marmontel & Gretry, 1769.
Le Maître en Droit. MM, le Monnier & Monfigny, 1760.
Le Maréchal Ferrant. MM. Quetant & Philidor, 1761.
On ne s'avife jamais de Tout. MM. Sedaine & Monfigny, 1761.
Raton & Rofette, Parodie de Titon & l'Aurore. Favart, 1753.
Rofe & Colas. MM. Sedaine & Monfigny, 1764.
Le Roffignol. De Lattaignant & Fleury, 1752.
Sancho Pança dans fon Ifle. Poinfinet & Philidor, 1762.
Le Sorcier. Poinfinet & Philidor, 1764.
Tom Jones. Poinfinet & Philidor, 1775.

Beaucoup de Mufique Vocale & Inftrumentale.

Lu & approuvé le 24 Janvier 1781.
FOURNIER Adjoint.

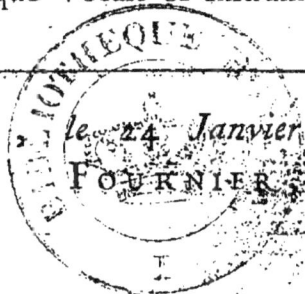

www.ingramcontent.com/pod-product-compliance
Lightning Source LLC
LaVergne TN
LVHW022135080426
835511LV00007B/1143